残業3時間を

朝30分で片づける仕事術

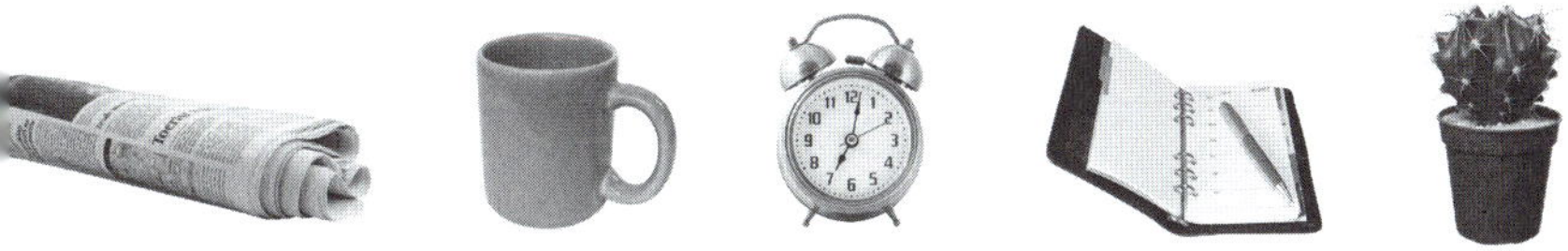

永井孝尚

Nagai Takahisa

中経出版

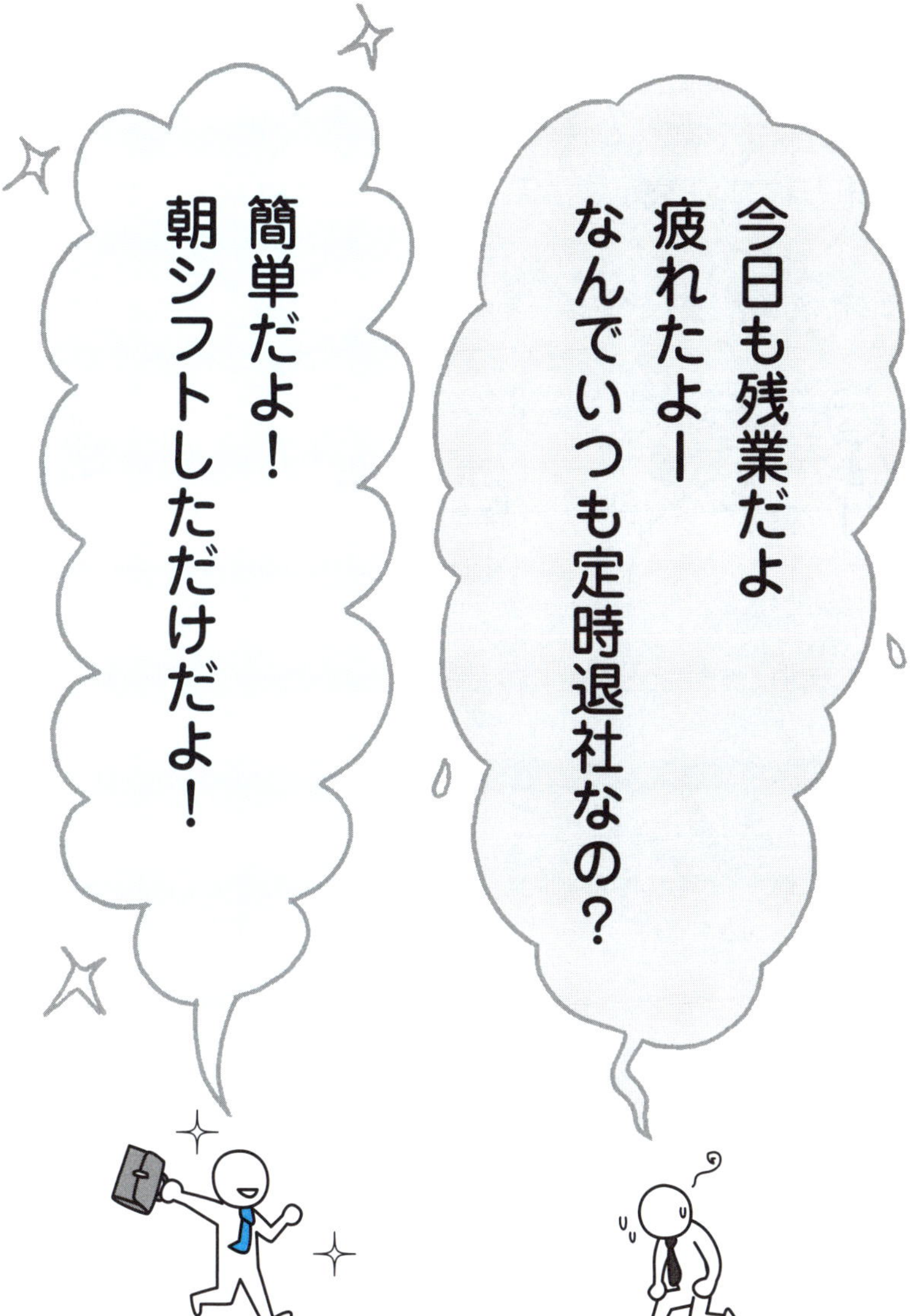
今日も残業だよ
疲れたよー
なんでいつも定時退社なの？
簡単だよ！
朝シフトしただけだよ！

毎日が残業
22：30
疲れた～
24：00
課長がさ～
なんだかんだ

朝シフトで人生バラ色
18：00
おつかれさま～
18：30
PC

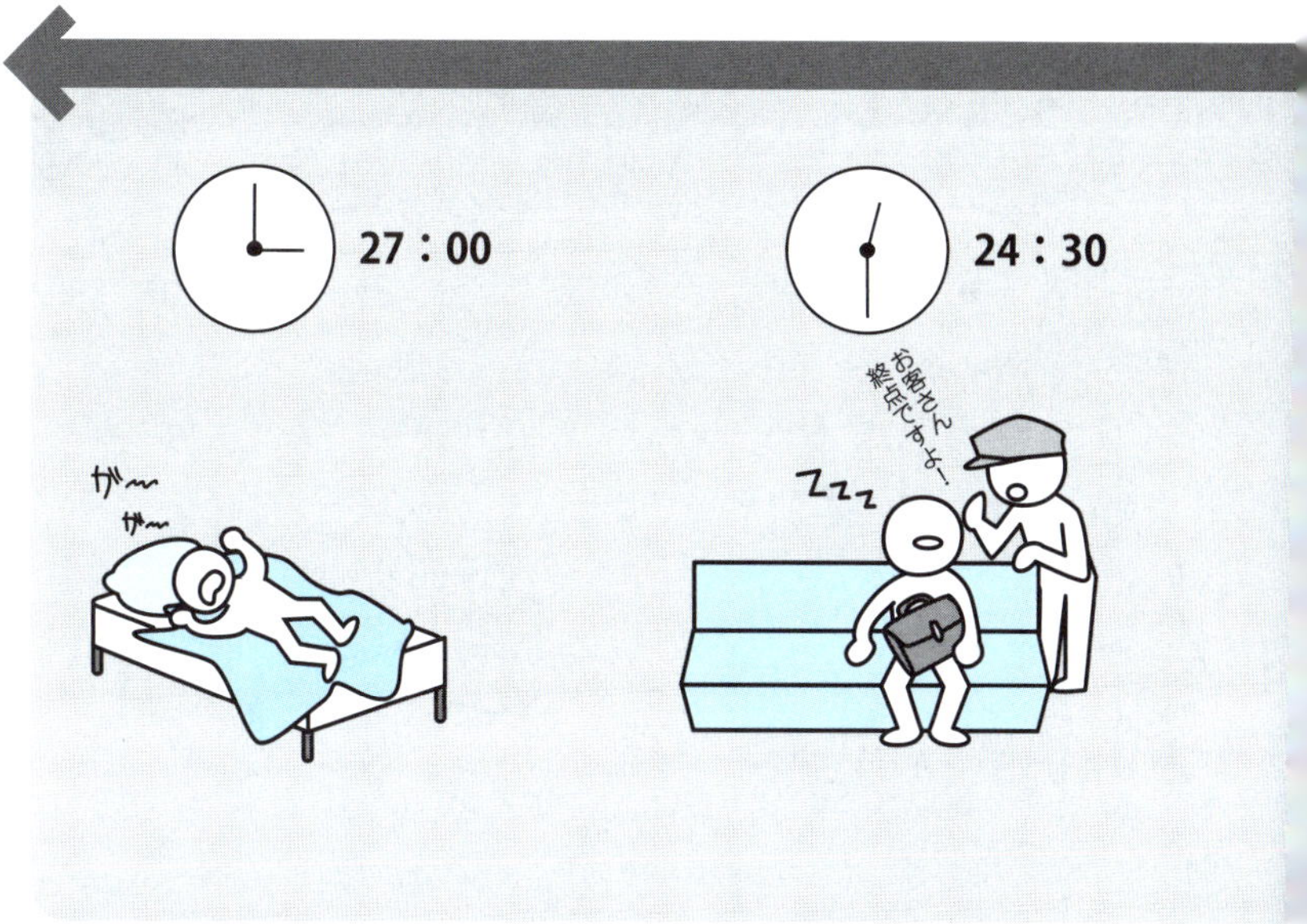
27：00
ガ〜
ガ〜
24：30
お客さん
終点ですよ！
Zzz

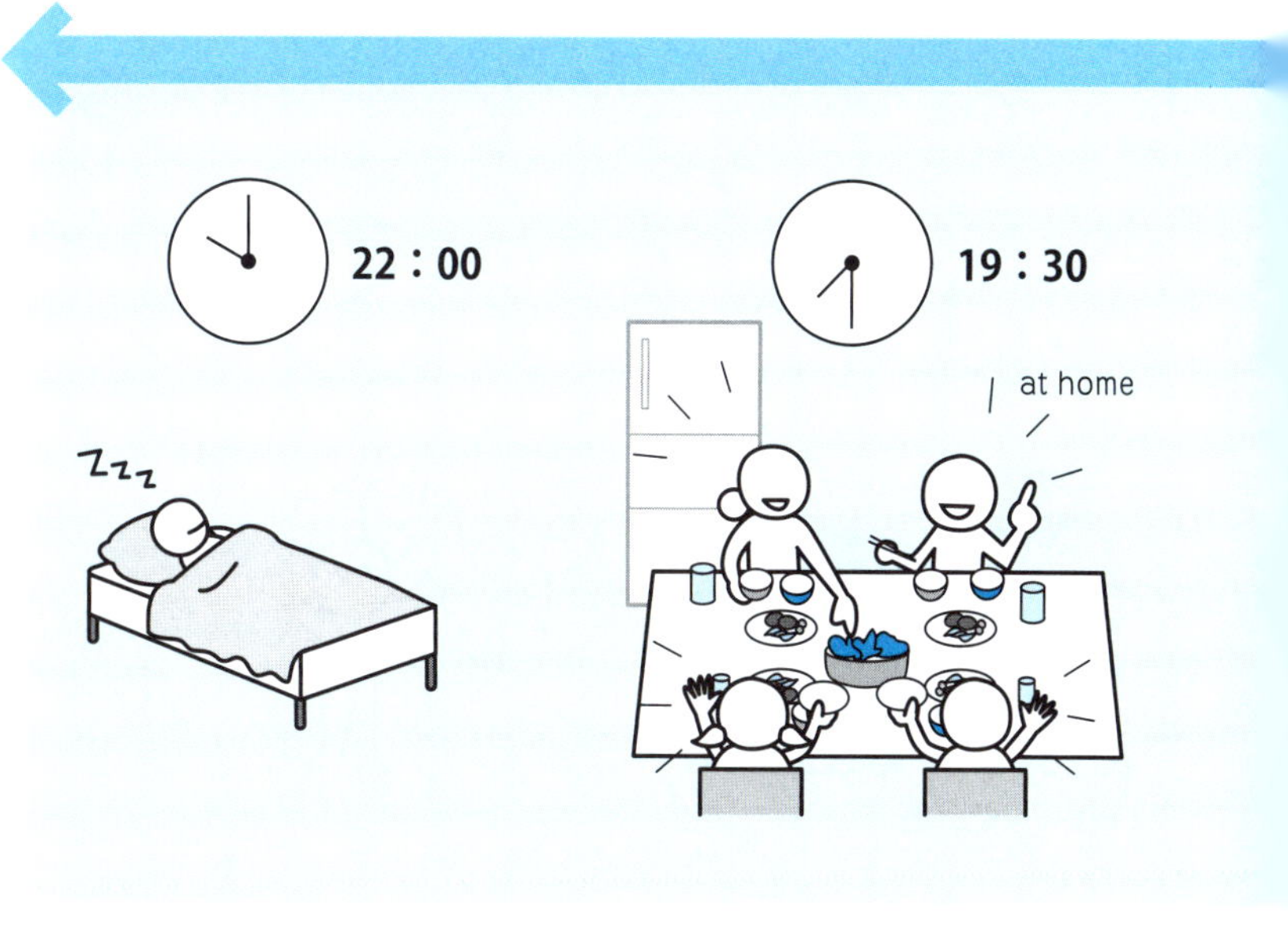
22：00
Zzz
19：30
at home

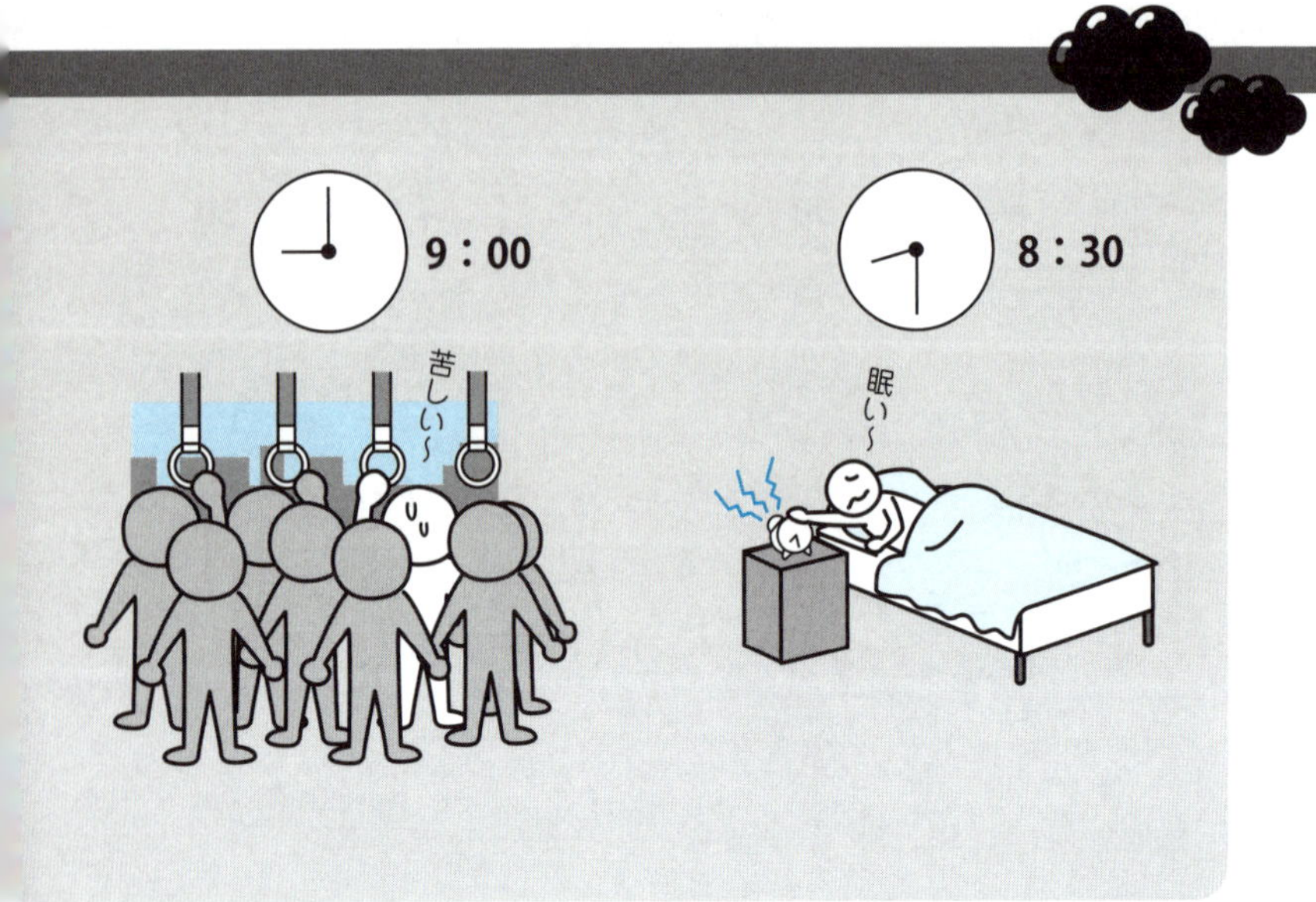
9：00
苦しい～
8：30
眠い～

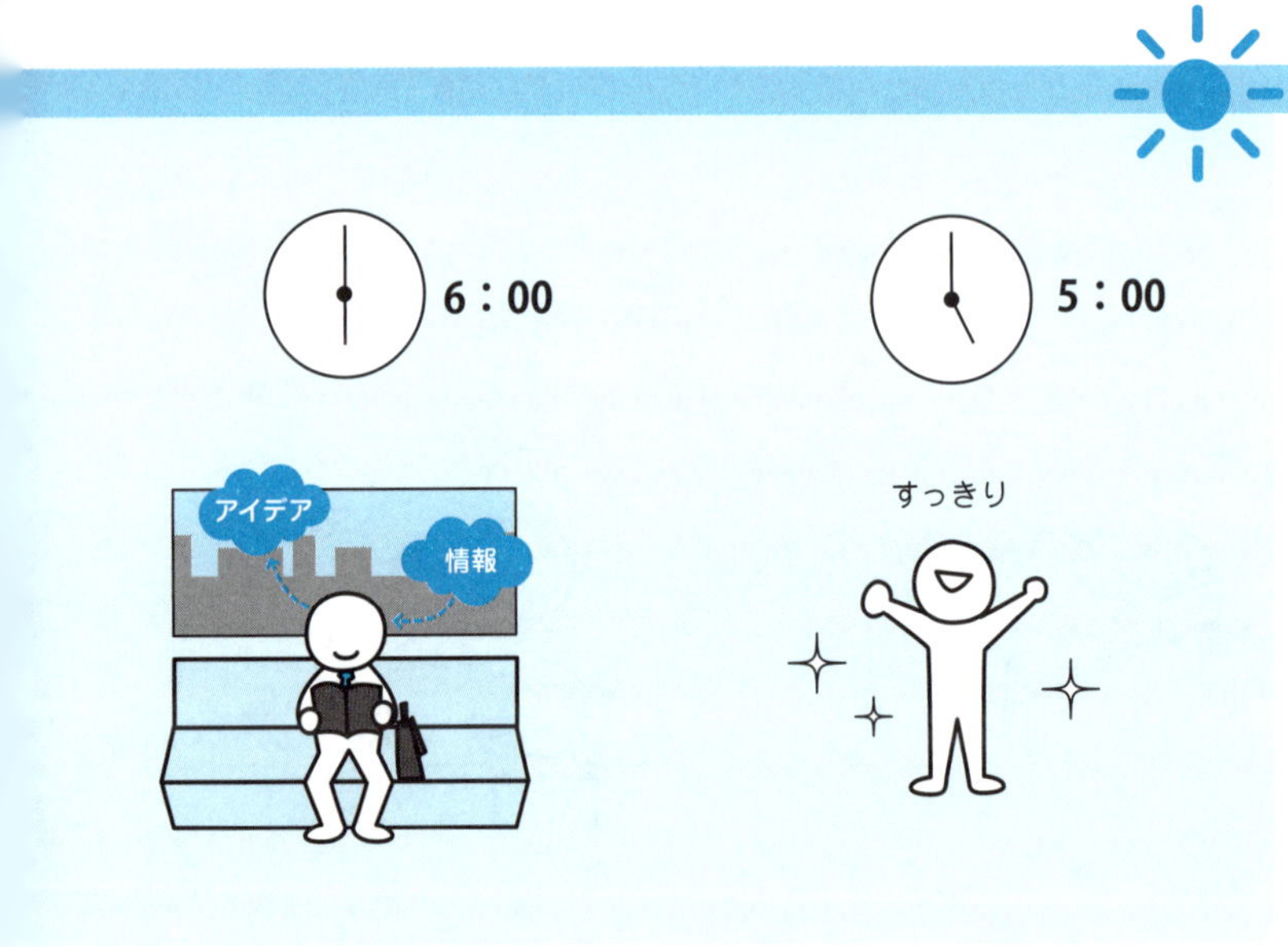
6：00
アイデア
情報
5：00
すっきり

勤務時間
10：00
〜
18：00
9：58
おはよ〜

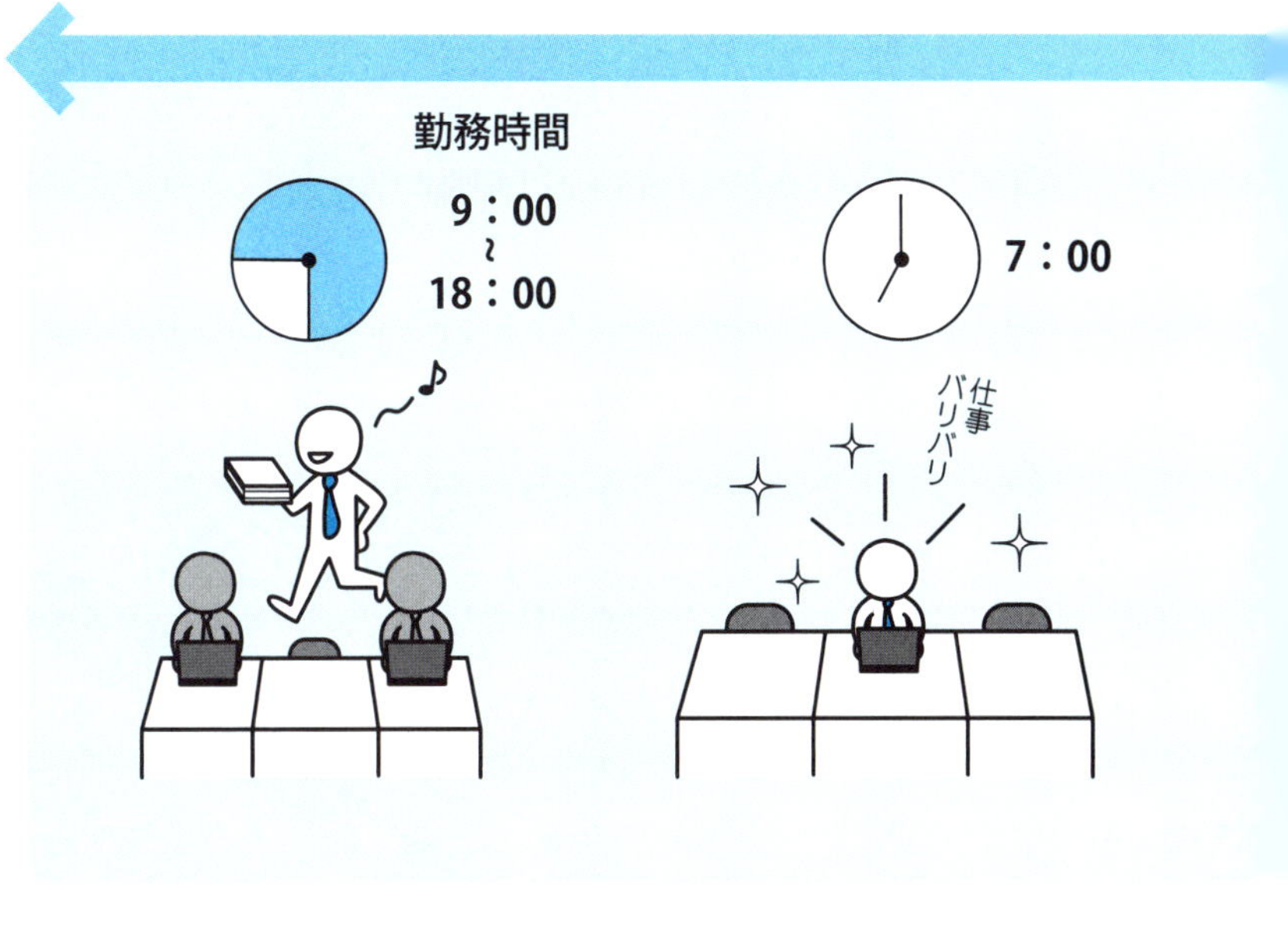
勤務時間
9：00
〜
18：00
7：00
仕事バリバリ

Contents

残業3時間を朝30分で片づける仕事術

Morning Power ☀ Morning Power ☀ Morning Power ☀ Morning Power
Morning Power ☀ Morning Power ☀ Morning Power ☀ Mo

Part 1 朝30分の仕事術

第1章 朝シフトを実現するための環境づくり

Morning Power ☀ Morning Power ☀ Morning Power ☀ Morning Power

Morning Power Morning Power Morning Power Morning Power Morning Power Morning Power Morning Power Mo

第5章 朝シフトを続けるための毎日の習慣

Part ❷ 朝時間で広がるライフワークと仲間たち

第❶章 朝シフトで豊かな人生を送る

第❷章 朝の勉強会で仲間を増やす

Morning Power ☀ Morning Power ☀ Morning Power ☀ Morning Power ☀ Mo

本文デザイン／新田由起子（ムーブ）
装丁／重原隆
写真／© Palabra-Fotolia.com
© motorlka-Fotolia.com
© Ljupco Smokovski-Fotolia.com
© Pavel Losevsky-Fotolia.com
© Yusuf Esenkal-Fotolia.com

Morning Power ☀ Morning Power ☀ Morning Power ☀ Morning Power ☀ Morning

本書に掲載された内容は著者である永井孝尚個人の見解であり、必ずしも著者の勤務先であるＩＢＭの立場、戦略、意見を代表するものではありません。

プロローグ

私が早起きに目覚めた理由

01 その残業、本当に必要ですか?

残業続きの会社人生

本書を手にとってくださったあなたに、最初に質問です。私たちビジネスパーソンが残業をするのは、やむを得ないことなのでしょうか?

「やむを得ないことです」

「できればないほうがいいなぁ」

「必要悪!?」

いろいろな答えがあると思います。

本来、会社は、仕事に合わせて人を配置しています。ですから、仕事は就業時間内に終わるようにできているはずです。しかし、なかなかそうはならずに、やむを得ず残業しなければならないことが多いのも現実です。
かくいう社会人27年目の私も、以前は残業ばかりしていました。今、思い出しても
あのときはきつかったという経験をいくつかピックアップしてみましょう。

①製品企画プロセス担当だった頃

入社数年目の話です。アジア各国をカバーする製品企画プロセスをほとんどゼロの状態から立ち上げました。慣れない英語でアジア各国や米国とやりとりし、膨大な製品の企画情報を管理していました。一番忙しい時期は、毎晩遅くまで残業し、週末も出勤、プライベートがほとんどない状態が1年間続きました。

②お客様プロジェクトのプロジェクトマネージャーだった頃

あるお客様プロジェクトのプロジェクトマネージャーを担当していたときのこと。

週明け月曜日の朝には、お客様の現地にシステムを配送しなければならないのに、金曜日の夜の時点で、解決しない不具合がまだ数十件発生していました。チームで2日続けて徹夜をして、何とか間に合わせました。

③製品の開発マネージャーだった頃

自分のチームで開発した製品を採用いただいた地方のお客様で、システムに不具合が発生しました。早朝に羽田を出発、飛行機の日帰り出張でお客様のオフィスにお詫びに行き、状況を確認。その日の深夜にオフィスに戻って問題を再現したうえで、チームメンバーとともに徹夜で修正・テストして問題が再現しないことを確認し、翌朝にはその修正モジュール（構成単位）を出荷しました。

④プリセールス担当だった頃

ライバル会社との三つどもえの競合案件で、金曜日にお客様に新システムを提案し、翌週月曜日までに回答を求められました。その日の晩とその週末にチーム全員で集まって協議して、月曜日に再提案。このような状態が数カ月続きました。最終的には案件を獲得、全国展開につながりました。

同じような経験をなさっている方も多いのではないでしょうか？

たしかにやむを得ない事情で、残業しなければいけないこともよくあります。しかしながら、今から振り返って考えてみると、これらの中には、**一見突発的な出来事に見えても、実はそのトラブルにはちゃんと原因があって、気をつけていれば未然に防げたケースもあるようです。**

そうしたトラブルの何割かは、相手とのコミュニケーションがうまくとれず、行き違いや誤解が発生したことによって起きるものです。また、進め方の段取りが悪くて、予想以上に時間がかかってしまったということもあるでしょう。

原因がはっきりしているということは、あらかじめ防止策を講じていれば、未然にトラブルを防ぎ、残業を発生させないで済んだ可能性もあります。

何も生み出さない残業は時間のムダ

一方で、世の中には「その残業は本当に必要なの？」と首を傾《かし》げざるを得ない場面が多いのも事実です。

たとえば、午後11時を過ぎてもうすぐ終電、という時間なのに、なかなか進捗《しんちょく》しない会議。参加者は疲労の色も濃く、もはや頭が回っていません。会議も雑談モードと堂々巡りの議論の繰り返しで、時間だけが過ぎていきます。終電間近になってしかたなく議論を打ち切り。見切り発車をするか、翌朝からふたたび会議です。

このような残業の多くは、生産性がきわめて低く、実際には必要がないものです。

02

「残業は減らせない」のウソ

長時間勤務の社会的リスク

2007年6月6日の『日刊工業新聞』の連載「リスク管理：都市化と長時間通勤」には、長時間勤務のリスクが紹介されています。以下は、その抜粋です。

・長時間勤務と日本特有の長時間労働で、働く女性に家事や育児の労働の負担が重くのしかかり、少子化や家庭崩壊を生むリスクがある。
・また、「夕食」ならぬ「夜食」しか食べられない男性をもつ家庭では、夫婦のすれ違いによる不和や離婚のリスクがある。
・国土交通省の大都市交通センサスによると、東京圏では片道90分以上を要する通勤・通学者の割合は20％近い。NHK国民生活時間調査を見ても、東京圏は地方圏よりも平均30分程度長い。
・週に50時間以上労働する割合は、フランス５・７％、スウェーデン１・９％など、ヨーロッパ諸国が５％前後に止まっているのに対して、日本では28・１％（国際労働機関〔ＩＬＯ〕の国際比較調査２００４年）。
・午後６時までに帰宅している男性の割合はスウェーデンの70・９％に対して日本では６・８％。午後８時以降の帰宅が６割以上（２００５年内閣府調査結果）。
・都市の外延化傾向は変わらないが、新線の開通、相互乗り入れなどにより、通勤の長時間化には歯止めが出てきた。また、フレックス制などの採用により、空いた時間での通勤が可能になっている。
・往復の通勤時間を労働時間に充当できる環境（走るビジネス列車など）の提供が望まれるとともに、企業も裁量労働制の導入などを行い、長時間通勤と生活の調和を図り、豊かな家庭生活を再構築する努力や工夫を支援すべきだろう。

どうも、長時間勤務にはあまりよいことがなさそうです。「午後６時までに帰宅している男性は7割」というスウェーデンの家庭環境は、日本とはまったく違う状況なのでしょうね。うらやましいかぎりです。

長時間労働と長時間勤務は、社会全体で見ると大きなリスクであること、豊かな家庭環境の構築が企業の競争力向上につながることは、徐々に社会的なコンセンサスとなって広がりつつあります。

残業は減らせないわけではない

実は、日本企業の残業は、減らそうと思えば減らせる可能性を裏づけるデータがあります。

2008年2月22日〜24日、gooリサーチが「残業と仕事の効率化に関する意識調査」(http://research.goo.ne.jp/database/data/000761/)という調査を実施しています(全国20歳以上のビジネスパーソン1080人の回答。20〜29歳24・5%、30〜39歳24・9%、40〜49歳25・3%、50歳以上25・3%。男性68・2%、女性31・7%)。その結果を見てみましょう。

次ページの図1は、個人が考える「残業が減らない理由」のランキングです。

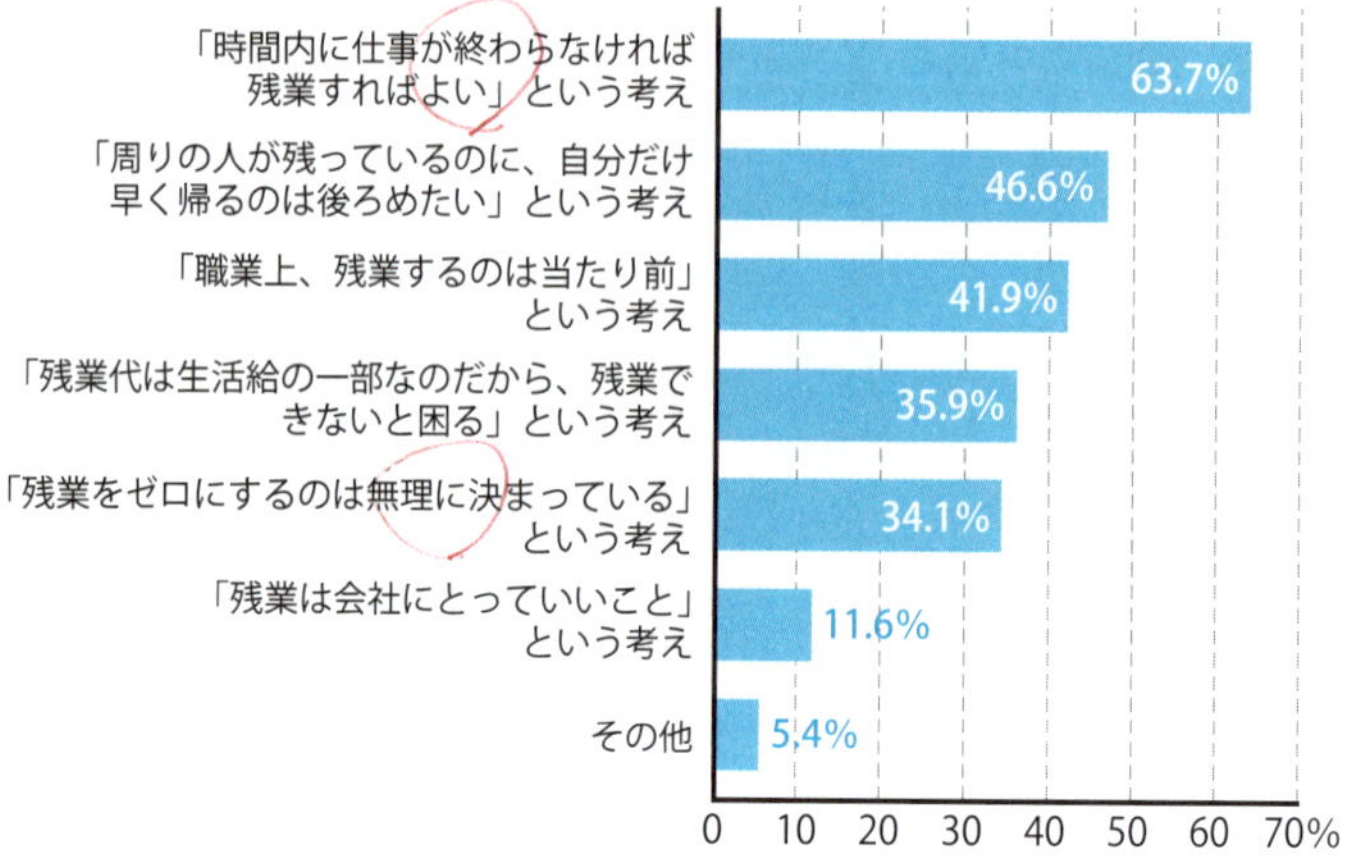

図1 残業が減らない理由は、個人がどのような考えを持っているからだと思うか（n=766）

1位が「仕事が終わらなければ残業すればよい」（64％）、2位が「自分だけ早く帰るのは後ろめたい」（47％）、3位が「残業するのは当たり前」（42％）となっています。

質問のしかたの問題かもしれませんが、この結果からは、「残業は○○の理由で必要だから、減らせない」という論理的な回答を見つけることはできません。強いていえば「生活給の一部なのだから、残業できないと困る」（36％）が該当しますが、これも残業が減らせない説明になっていません。

「残業をゼロにするのは無理に決まっている」（34％）に至っては理由にすらな

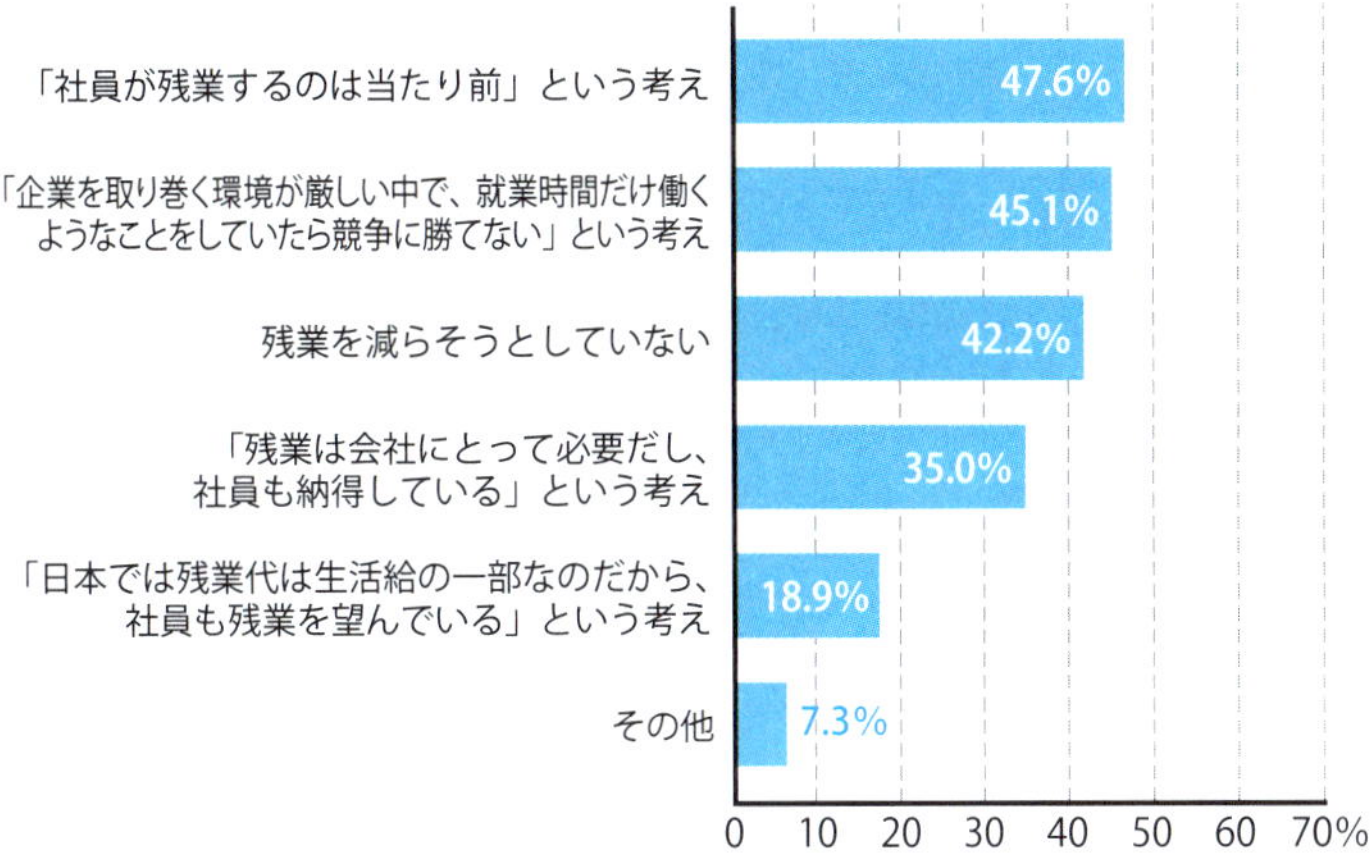

図2 残業が減らない理由は、企業側がどのような考えを持っているからだと思うか（n=1025）

っていません。

図2は、企業が考えるであろう「残業が減らない理由」のランキングです。

1位の「社員が残業をするのは当たり前」（48％）、2位の「就業時間だけ働くようなこととしていたら競争に勝てない」（46％）、3位の「残業を減らそうとしていない」（42％）という結果からは、残業はあって当たり前のもので、そもそも減らそうと考えていない企業の姿勢が見えてきます。

その姿勢は、次の調査からも見てとれます。

次ページの図3は、「仕事を効率化するために会社のツールをどのように活用

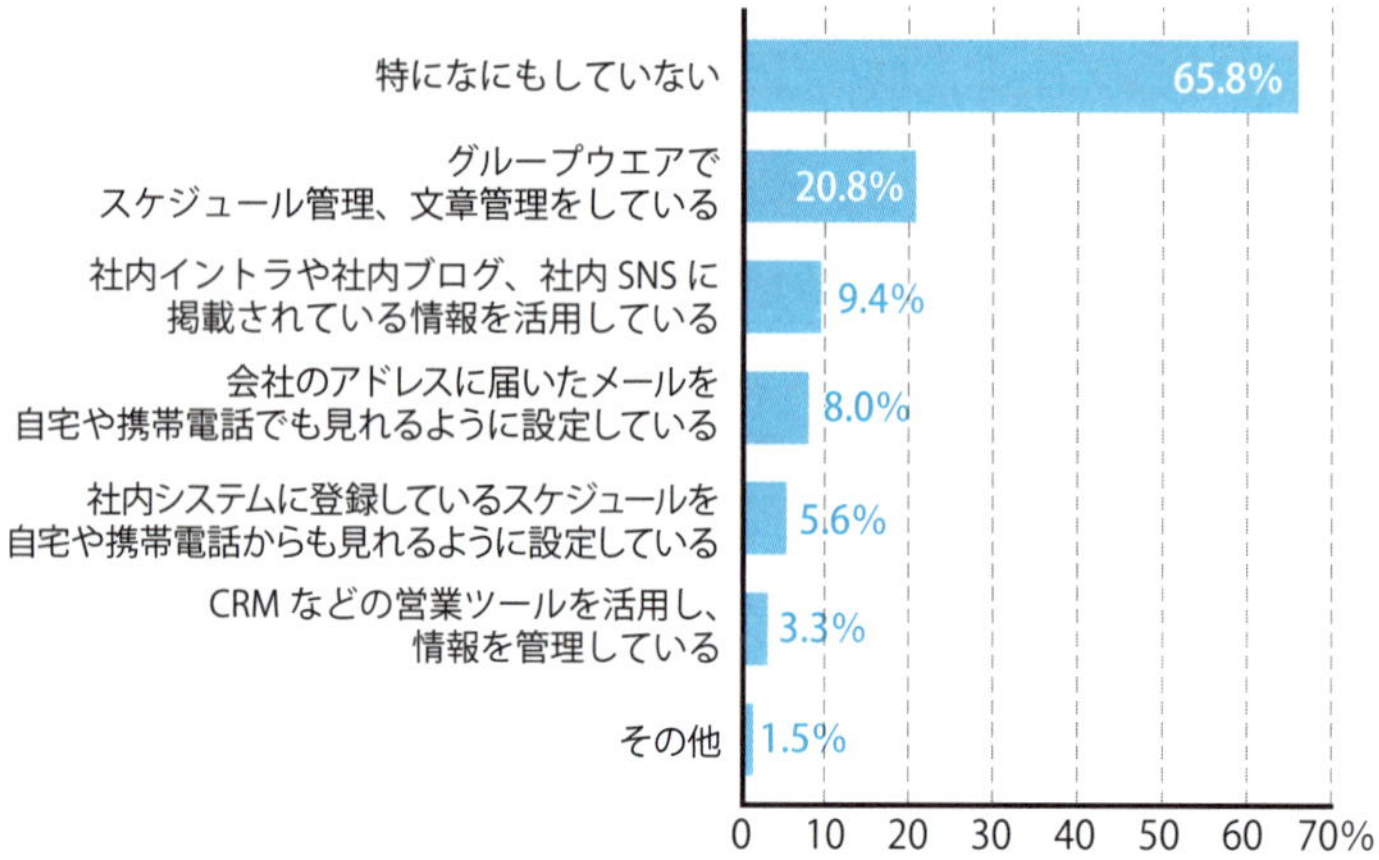

図3 仕事を効率化するために会社にあるツールをどのように活用しているか（n=1080）

しているか」を聞いた結果です。それによって残業時間を減らそうという意図が隠されています。

1位の「特に何もしていない」という回答が66％もあって突出しています。「やっぱり残業を減らそうなんて誰も本気で思っていないのではないか」という声が聞こえてきそうですが、ここで考えてみてください。「特に何もしていない」のが現状ならば、「何か対策を打てば、残業を減らせる可能性が大きい」ということの裏返しでもあるのです。

企業には残業を減らす大きな余地がある。そう前向きにとらえるだけで、違った景色が見えてくるはずです。

残業は本気で減らそうと思えば、減らせます。

先ほど紹介したように、会社人生を通じて残業ばかりしてきた私は、現在はほぼ毎日、午後5時から6時には退社しています。夕食は毎晩家族と一緒に食べていますし、平日でもプライベートやライフワークは充実しています。

なぜ、こんなことが可能なのでしょうか？

それは、**朝30分の仕事は、夜3時間の残業に匹敵する生産性があること**を発見したからです。夜遅くまで残業するよりも、朝早く起きて集中力の高い時間を上手に活用したほうが、ずっと効率的に仕事をこなせるのです。

朝シフトによって残業がなくなれば、夜、家族と一緒に過ごすこともできますし、共働き家庭では夫婦交替で保育園に迎えに行くこともできます。朝シフトは仕事だけでなく、プライベートやライフワークにもよい影響を与えるのです。

03 朝シフトに目覚めるまで
――過去の24時間の使い方

実は朝一出社だった〈新社会人時代〉

今でこそ、定時退社が実現できている私ですが、ここに至るまでには紆余《うよ》曲折がありました。そこで、これまでの経緯を述べてみたいと思います。

私が日本ＩＢＭに新卒入社したのは１９８４年４月。以来、27年間日本ＩＢＭひと筋です。

学生時代、一番身近な社会人の先輩は、経営者だった父でした。父は毎朝５時半に起き、６時半には家を車で出発し、30分で会社に到着、７時から仕事を開始し、夕食時には帰宅していました。

その父が言うには、「新人で会社には何も貢献できないのであれば、せめて誰より

も早く出社しなさい」。社会人になりたてで、まともに仕事もできなかった当時の私は、「少なくとも誰よりも早く出社しよう」と考えました。

夜はいつも午後9時から10時頃まで、遅いときは11時過ぎまでオフィスで仕事をしていましたが、朝は6時に起き、1時間半の通勤で必ず午前8時過ぎには都内にあるオフィスに出社していました。

前述の製品企画プロセス担当だったのもこの頃で、1週間のうち2、3日はホテルに泊まり込み、という年もありました。とにかく仕事に慣れることに精一杯で、平日は仕事以外にはまったく何もできない状況でした。

たまの休日は、気分転換にライフワークの写真に没頭しました。集中したためか、よい写真が撮れて、銀座キヤノンサロンで写真展を行ったのは27歳のときでした。傍《はた》からは、仕事もやり、ライフワークも充実しているように見えたかもしれませんが、私自身の印象では、平日の仕事、週末の写真以外は何もできなかった20代でした。

❶ 新社会人時代

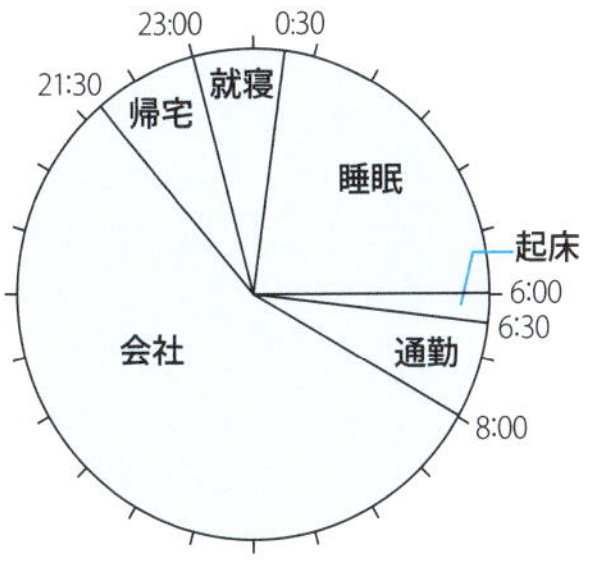

職住接近で、徒歩25分通勤だった〈30代〉

30歳になった頃、製品プランナーとして製品開発研究所に異動になりました。都心から離れた郊外だったので、実家から引っ越して、研究所の近くに住むことにしました。

職場まで徒歩25分という恵まれた生活環境が10年間近く続きました。朝8時半に起きれば、始業時間に間に合います。オフィスが近くなったことで、逆に出社が遅くなってしまいました。

❷ 30代

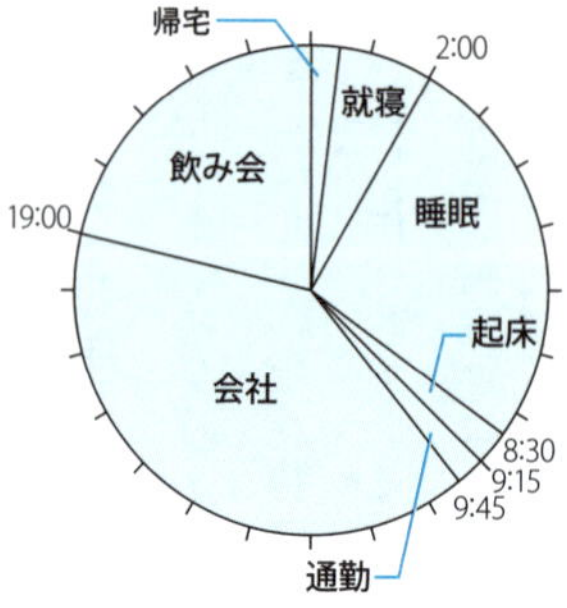

また、30代前半には、週に2、3回、職場の同僚や上司と飲みに出かけていました。半分仕事の延長のようなこともあって、職場の同僚と飲んで話すのは、仕事や職場の話が中心です。共通の話題ですから、そのときは面白く感じるのですが、いつも代わり映えしないメンバーと同じような話を繰り返すばかりで、新しい発見はあまりありませんでした。飲み終わりは夜11

時から0時頃で、就寝は午前2時過ぎでした。**夜遅くまで起きているのが日常になっていたため、いつもどこか体調が悪い感じ**でした。

夜自宅にいる日は、テレビをダラダラと見たり、ネットサーフィンをしていました。今から考えると、ムダな時間を過ごしていたなと思います。

遠距離通勤で、平日は仕事だけだった〈40代前半〉

38歳になって、製品開発から、マーケティングに異動しました。そして3年後、勤務地が郊外の研究所から都内の事業所になりました。

それまで徒歩25分で定期券を使わない生活が10年近く続いていましたが、いきなり通勤時間が1時間50分になりました。

電車が混雑するため、朝7時に東急田園都市線中央林間駅から始発電車に乗り、オフィスには8時半頃到着していました。そのため、朝は6時起きでした。

しかし、仕事もなかなか終わらずに、オフィスを出

③ 40代前半

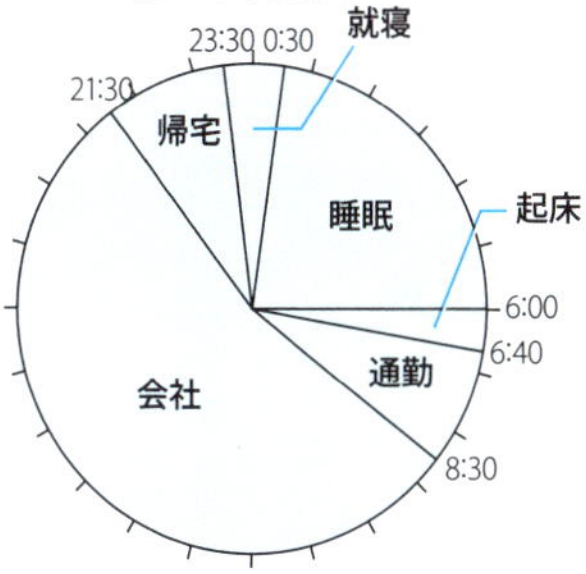

るのは午後9時か10時頃。家に到着するのは11時。家には寝に帰るだけの生活でした。ふたたび、平日は仕事だけの日々になりました。

引っ越したものの、かえって通勤地獄に巻き込まれた〈40代中頃〉

遠距離通勤が大変だったので、研究所の近くから、東急田園都市線たまプラーザ駅の近くに引っ越しました。これで通勤時間は1時間強になりました。

東急田園都市線は首都圏でも有数の混雑する路線です。なかでも急行は非常に混雑して身動きがとれないので乗れません。そこで、いつも朝7時~8時台の各駅停車に乗車していました。

あるとき、東急田園都市線が朝のラッシュ時に2日続けて全線停止しました。

もともと過密ダイヤのために、いったん遅れが発生するとどんどん波及してしまうのが、通勤電車の弱点です。運転再開しても、徐行運転が続いて、最終的に数十分から1時間の遅れになります。徐行運転により

④ 40代中頃

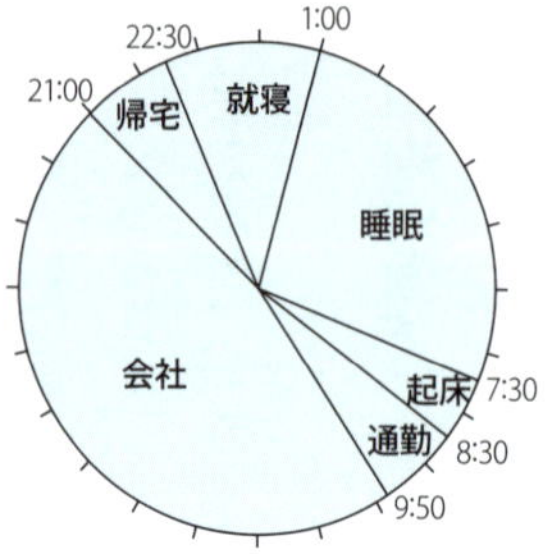

輸送能力が落ちる一方で、駅から乗ってくる乗客数は変わらないため、ふだんの混雑にさらに拍車がかかります。

動き始めたときは殺人的な混雑でした。そこでその2日間、午前中は駅の近くにある喫茶店で仕事しました。

「**もうこんな経験はこりごりだ**」と思った私は、帰宅してからじっくり考えました。妻の「それなら早起きしたら？」というアドバイスもあって私の心は決まりました。「いくら田園都市線でも、早朝はきっとすいているはずだ。2、3時間早く家を出れば座って通勤できるし、通勤中に仕事をしたり、寝て疲れをとったりできるのではないか？」

この朝シフト、やってみたらコロンブスの卵で、実はとても簡単でした。

毎朝5時に起床、朝時間を上手に活用している〈現在〉

現在、私は毎朝5時過ぎに起床し、朝食をとって、午前6時前に家を出発しています。10分ほど歩いて、隣の東急田園都市線鷺沼《さぎぬま》駅に到着。同駅始発の電車で座って出勤しています。

おかげで、通勤ラッシュからは完全に解放されました。ゆっくり本を読めますし、パソコンを広げて仕事したり、本を書いたりすることもできます。まさに通勤電車が書斎代わりです。

午前7時には会社に到着します。誰もいません。中断されることもなく、仕事に一人で集中できるので、仕事の進捗も速いですし、頭もフレッシュな状態なので、アイデアもわいてきます。仕事が詰まっていない時期は、オフィスビルの1階にあるカフェに入り、始業時間までは、本の執筆などに充てています。

午前中に多くの仕事を終えることができるので、定時までに仕事を終えて、帰宅することができます。

時には、夕方に新しい仕事が発生する場合もあります。しかし、そのような仕事も、翌朝7時から始めれば、たいてい午前9時の始業前には完了できます。疲れた頭で残業して、時間をかけて仕上げるよりも、フレッシュな頭で翌朝仕上げたほうが、生産性も仕事の質も格段によいのです。

5 現在

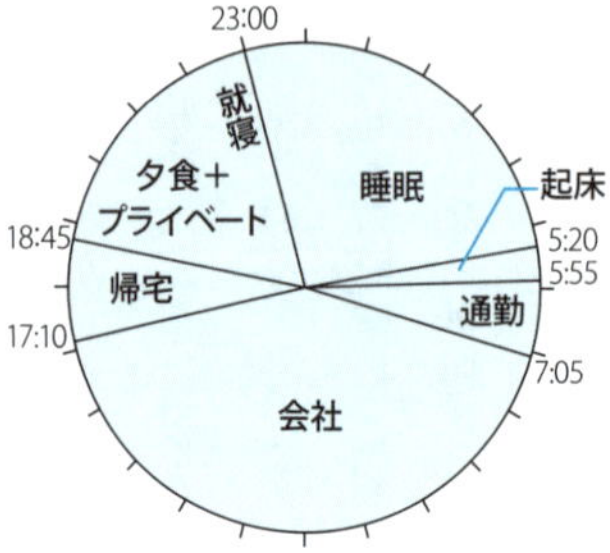

それでも、どうしてもその日の夜に仕上げなければならない仕事もあります。そのような仕事は自宅に持ち帰って仕上げて、ネットで相手に送るようにしています。幸い、勤務先の日本ＩＢＭでは在宅勤務環境を整備しているので、このようなことが可能なのです。

こうして毎日、私は家族と夕食を食べられるようになりました。

04 朝は未開拓の資源だった！

朝は夜の6倍の生産性がある！

「Webook of the Day」という書評メルマガで知られる松山真之助さんは、著書『早朝起業』（祥伝社）の中で、さまざまな人たちの言葉を引用しながら、「朝の生産性は6倍」だと力説されています。

同じことを夜遅くまで粘ってやるよりは、ずっと効率も気分もいい。「知的生産の技術研究会」（知研）の副理事長を務める小石雄一さんは、通称「週末の達人」なのだが、その小石さんも「朝の生産性は通常の6倍ある」という。サントリー出身で、ミステリー作家やマーケティング、ライフデザインなどあらゆる分野で執筆・講演に活躍する野村正樹さんも、同じように6倍だとおっしゃる。そのくらいの効果が朝にはあるのだ。

「朝の生産性が6倍」と言うと、大げさに聞えるかもしれない。しかし朝は爽快だし、よけいな邪魔が入らないから、生産性が上がるというのはうなずける。

この本は、私の朝シフトに大きなきっかけを与えてくれました。

私自身の実感でも、朝の生産性は夜の6倍はあると思います。**夜3時間の残業でこなせる仕事の量と、早朝の30分でこなせる仕事の量が同じ**だからです。

残業というのは、1日8時間の仕事を終えた後の時間です。頭も身体も疲れていますし、お腹もすいているでしょう。そんな状態で3時間粘ってみても、たいした成果は得られないのではないでしょうか。

疲れた身体にムチ打って、長時間ダラダラと残業を続けるくらいなら、スパッと定時に退社して、その分朝早く活動を始めたほうが、確実に仕事の能率は上がります。

頭の回転が速く、集中力も高まっている朝の30分間は、夜の残業の3時間分に相当します。朝1時間集中すれば、終電間際までの6時間残業に匹敵するだけの仕事がこなせるのです。

時間をギュッと圧縮した分、自由に使える時間が増えて、プライベートも充実します。朝シフトは、いいことばかりなのです。

朝シフトで得られたもの

20代、30代の頃も写真で個展を6回開催したりして、ビジネスパーソンとしてはライフワークが充実していたほうでした。しかし、当時はこれで手いっぱい。週末のみの活動でした。

朝シフト後、毎日のブログ執筆や、毎週末の合唱団の活動、年数回の本の執筆などができるようになりました。

さらに、早起き仲間と一緒に、「朝カフェ次世代研究会」という早朝勉強会を主宰するようになり、社外の仲間も増えました。

優先順位も変わりました。朝シフト前は、平日は仕事最優先で、プライベートやライフワークは二の次でした。朝シフト後は、仕事も、プライベートも、ライフワークも、すべてかけがえのない大切なもの、と考えられるようになりました。何よりも家

朝30分は夜の残業3時間に相当する

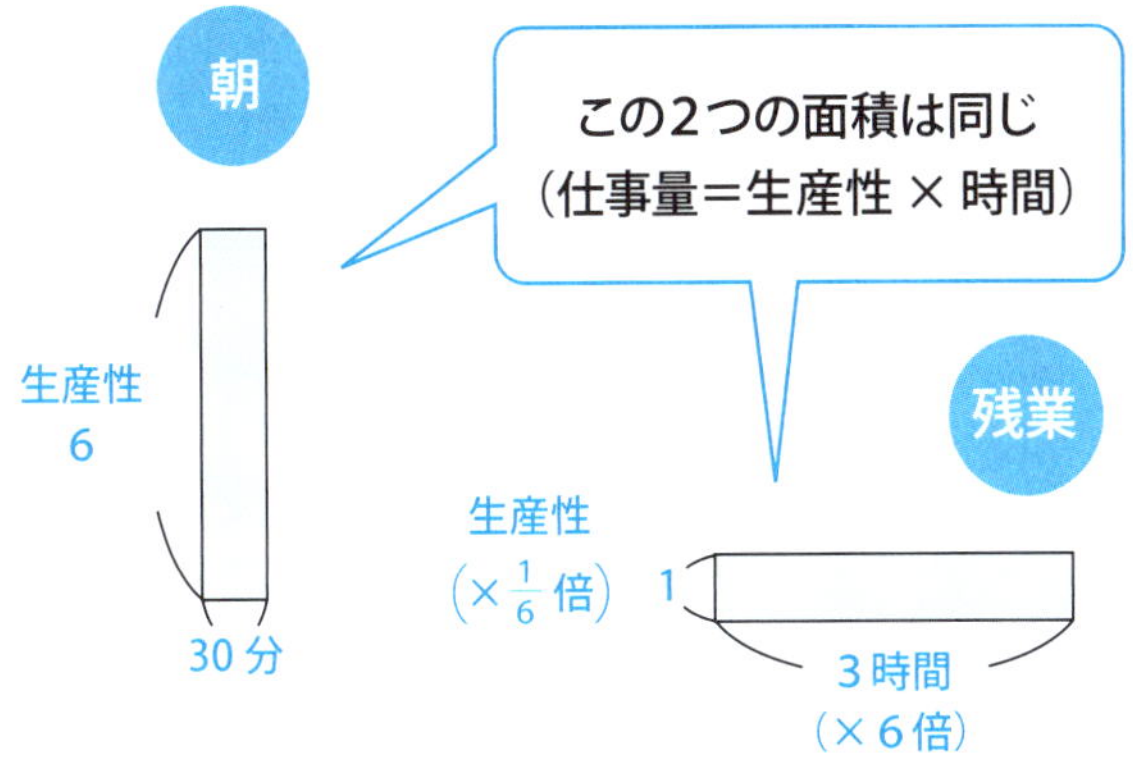

族を大切にしたいと思うようになりました。

社会人として20年以上仕事をしてきて、「すでに自分の仕事の生産性は限界に達している」と思っていました。しかし、朝シフトすることで、定時退社できるようになり、こなせる仕事量も増え、仕事の質も向上し、さらにライフワークの範囲も広がり、家族を大切にできるようになったのです。

こうしてわかったことは、「**朝は誰でも持っている隠れた未開拓の資源だった**」ということです。

本書では、この誰でも活用できる未開拓の資源「朝」を活用し、朝の仕事の生産性を6倍に向上させ、さらに人生を豊かにするための方法「朝シフト」を紹介します。

Column 朝は奇跡を起こす!

株式会社いいじゃんネット
代表取締役 坂本史郎さん

2000年3月、37歳のときに、私はそれまで勤めていた会社を退職して起業しました。新会社で提供したのは電子メールをインターネット上に保管して携帯電話から利用できるようにするサービスです。今でこそ、このようなサービスはよくありますが、当時は概念が早すぎて受け入れてもらえませんでした。

サービスの技術も想定よりむずかしく、用意していた財務資源は底を尽きます。意気揚々とチャレンジした最初のビジネスモデルは失敗してしまったのです。それでも慣れない受託開発を行いながら、何とか会社を続けます。

「受託開発をしていても埒《らち》が明かない。何のための起業だったのか」

そう思って自社製品開発に再チャレンジしました。お客様に徹底的にヒアリングし、借金を積み増して費用を捻出《ねんしゅつ》し、何とか企業向け自社製品を開発しました。ところが、それがお客様に受け入れられ、黒字化するまでの3年間に資金繰り地獄を体験します。役員報酬は長期間大幅カット、これ以上は借金もできず、家族も生活に困ります。「息をしているだけで罪を犯しているように感じる」日々でした。

起業して、40歳を過ぎて、親にお小遣いをもらわなければ生活ができないことになるなどとは、起業前には想像もしていませんでした。追い詰められてうつ病になりかけていた自分を励ますように始めたのが、朝型へのシフトでした。

誰にとっても、1日は24時間しかありません。悩みながら夜をもんもんと過ごすより、スパッと早朝から全力で働いたほうが効率的なはずです。朝起きたときのすがすがしさと新鮮なエネルギーがあれば、仕事の質もポジティブになる予感がありました。

毎朝2、3時間かけて社員に向けたメールを書く

2004年1月、「朝メール」を始めました。前日の社内各メンバーからの

報告メールをひとつにまとめて、全員にコメントをつけて返すものです。前日に何があったのか、その日は何にチャレンジするのか、日々私が考えていることをまとめたエッセーなどもつけています。

「朝メール」をまとめるのは、毎回2、3時間かかります。ただ、早朝に実施することで、邪魔は少なく、うまく習慣化できました。毎朝、頭が少しボーッとした時間帯でも、決まった作業から始めると迅速《じんそく》に仕事へ入れます。

かれこれ7年以上続けてきてわかりましたが、毎朝の習慣は、徐々に自分の周囲を変えていきます。毎日の変化は少しずつなのですが、3年スパンで見ると劇的に変わっています。

過去の「朝メール」を読み返してみてわかったのは、今考えていることとその頃とで、あまり考え方が変わらないということです。考え方のブレが少ない。もしかしたらそれは、寝ることでいったんリセットボタンが押され、朝起きた後は、自分の本質的な価値観で物事を表現するからなのでしょう。

朝型に変えてよかったこと

朝型に変えてから、夜寝つくのに困ったことがほとんどありません。早朝からフルに活動して、夜まで何とか頑張り、布団に入るや否や意識がなくなります。夜の11時頃でしょうか。たいてい夢を覚えていることがないくらいの深さで爆睡します。ただ、朝型だからといって睡眠時間を極端に削ることは、身体にダメージを与えてしまうのでよくないと思います。

また、早朝は通勤トラブルに巻き込まれることがまれです。私は朝5時台のＪＲで会社に向かいますが、この7年ほどの間に遭遇したトラブルは、台風で停まった1回と、車両故障が1回だけでした。通勤ラッシュで気力が下がることもありません。

早朝には電話がかかってくることも少なく、社内会議もありません。邪魔されない時間が毎日とれることは、習慣を定着させるのにはとても重要です。人はとかく言い訳を見つけて、できなかったことを正当化させる生き物です。言い訳の要因となるものを取り除くのには朝がいいのです。

酒席での決めごとが極端に減りました。従来は、夜にお酒を飲みながら、話を決めることが多かったと思います。当然、その場の勢いやムードで、なかにはいい加減な物事の決め方をしたこともありました。

朝に考えるようにした結果として、お酒の力での結束ではなく、理性的な結束で、物事を決めるようになります。水が合わない人は離れていき、考えが合う人が集まるようになります。その結果、理性的な考えで結束した集団は意識統一がしやすく、お互いに協力し合う、風通しのよい組織になります。メンバーの安定感が高まります。

早朝出勤のすがすがしさ

私は毎朝、始発電車か2番目の電車に乗るようにしています。早朝の駅までの15分ほど道のりは、天体ショーが楽しめる至極の場です。冬であれば星が、春秋であれば夜明けが、夏であれば早朝のシンとした涼しさで囲まれた空が。それぞれに毎日毎瞬変化して私を包み込むように楽しませてくれます。

公転して自転している地球。その薄い大気圏中に張りつくように存在している小さな自分。こういったことを毎朝感じながら職場に向かうのです。この環境を日々感じているだけで、奇跡を起こすムードは十分に盛り上がってきますよね。

そして、現に奇跡は起きているのです。

売上も利益も劇的に伸びた！

ビジネスは数字が大切です。朝のクリアな目で数字を見ると、ちょっとした間違いなどに気づきやすいものです。数字を決めるのも朝です。朝一番にオフィスの自動掃除機のルンバのスイッチを入れるのが私の仕事のひとつですが、数字のお掃除も毎朝実施しているわけです。

当社の売上高と営業利益のグラフを示してみましょう。これはみんなの日々の努力の成果です。私が早朝から働いているということも、数パーセントは貢献しているのではないでしょうか。スタートは太陽マークをつけた2004年です。それ以前は売上が伸びず、スケールアウトするほどの赤字が積み重なっていました。

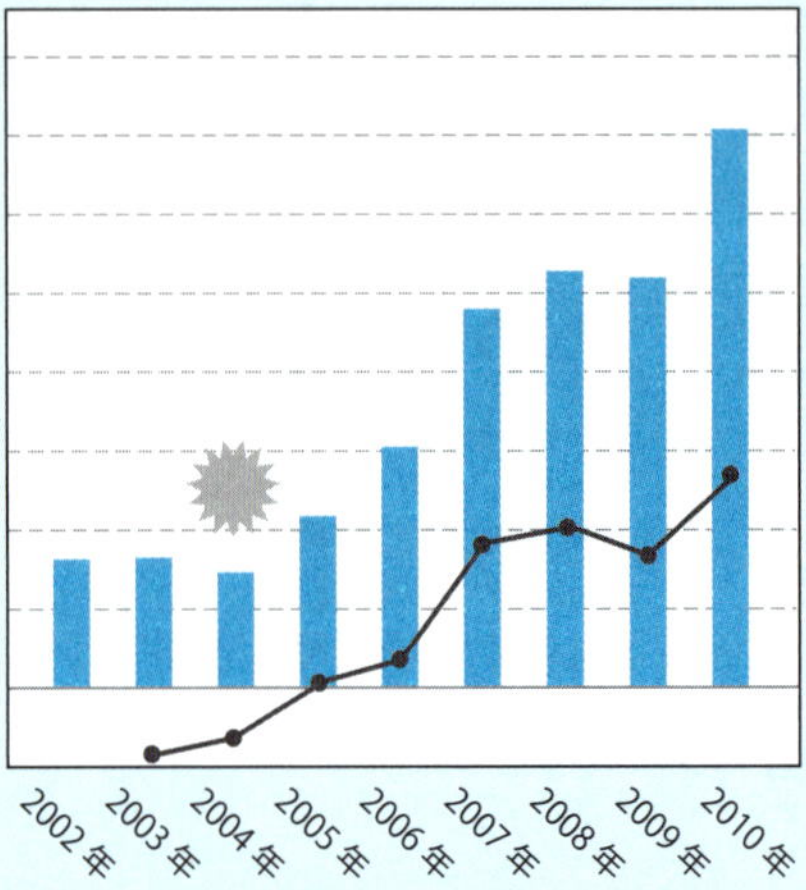

どうでしょう。朝は奇跡を起こすと思いませんか？

このようにいいことだらけと思われる朝の活動ですが、1点だけ難点があります。人と3時間の時差を持っているひとり万年サマータイムなので、夜が弱くなります。夜10時過ぎに外で飲んでいると、一般の方の深夜1時に相当します。夜のおつき合いに弱くなるのです。

Part ❶
朝30分の仕事術

第❶章

朝シフトを実現するための環境づくり

01 朝シフトはコツさえつかめば誰でもできる

早起きは何倍もお得！

朝早くから起きて活動していると、時々、「そんなに早起きして活動するなんて、ストイックですね！」と言われることがあります。

しかし、私は睡眠時間を削っているわけではありません。実は、**起きている時間を2、3時間前倒ししているだけ**なのです。そう考えると、急に気持ちが楽になりませんか？

私は、嫌なことを我慢して続けられるほど禁欲的なわけでもなければ、意志が強いわけでもありません。朝シフトをするのは、そうしたほうが得られるものがたくさんあるからですし、そのほうが楽だからです。

全体を３時間前倒しするだけの朝シフト

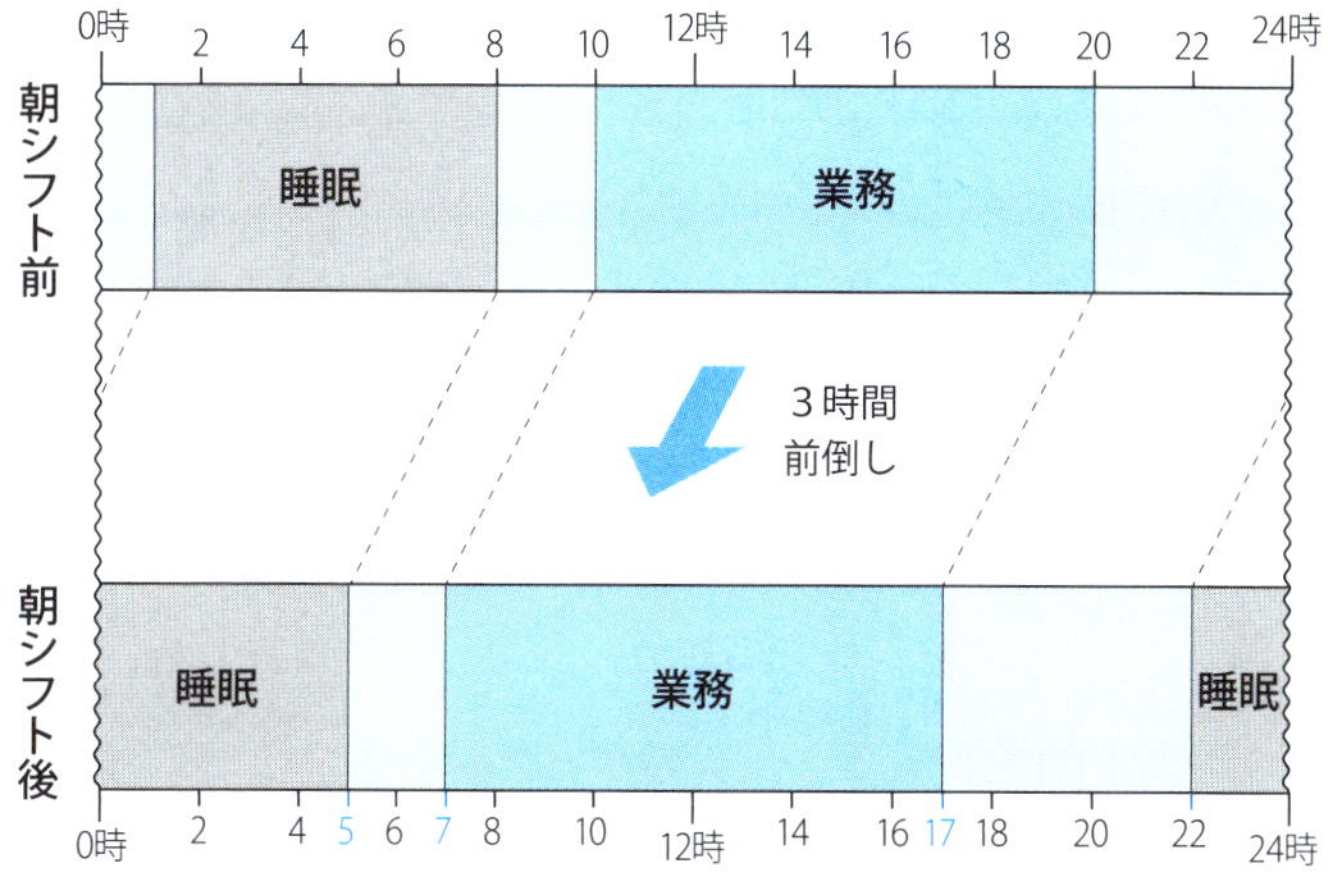

早朝出勤すると、それほど混んでいない電車にゆったりと座れます。とても楽ですし、本を読んだり、パソコンを広げたりして、自由に時間を使えます。

私からすると、普通の通勤時間帯に、ギュウギュウ詰めの超満員電車で、1時間も我慢して出勤するほうが、ずっとストイックのように思えます。まるで修行のようです。わずか2、3時間、早い時間にシフトするだけで、この体力を消耗する状況を避けることができるのです。

しかも、誰もいないオフィスでは、仕事がどんどんはかどります。早朝ですから、電話もかかってこないですし、誰にも邪魔されずに、目の前の仕事に集中することができます。

さらに後ほどご紹介する朝シフトを前提にした仕事術を組み合わせることで、夜に残業するのと比べて、朝の生産性は6倍に高まります。

時間は増やせない。中身を濃くするだけ

時間には限りがあります。1日は誰にでも平等に24時間しか与えられていません。時間という資源は本当にかけがえのないもので、誰にも増やすことはできません。増

やせないからどうするかというと、**中身を濃くするしかない**のです。

人生の限られた時間をうまく活用し、より密度の高い時間を過ごすことができれば、仕事だけでなく、プライベートもライフワークも充実します。朝シフトは、この限られた時間という資源を有効活用するための方法論。しかも、禁欲的ではなく、むしろ快楽的な方法論なのです。

どんなに眠たくても、いつかは起きなければいけません。布団の中から抜け出るのが辛いのは、何時に起きても同じです。それだったら、むしろ早く寝て、その分早く起きて、ゆったりと通勤したほうが、ずっと楽しいですよね。

ただ、朝シフトするのにはちょっとしたコツがあります。多くの人が朝シフトできないのは、このコツがわからないからです。本章では、朝シフトがうまくいくためのコツを順番にご紹介します。

02 朝シフトを阻む3つの誘惑

夜の誘惑を断ち切って早く寝る

自宅に夜9時頃帰ってきて、まずテレビのスイッチを入れて、風呂に入ったり、夕刊を読んだり、ネットを見たりしているうちに、気がつくと夜中の0時か1時になっていた……。そんな経験、ありませんか?

あるいは、週に数回、同僚と飲みに行って、午前様が続いたり……。

もし、あなたが毎晩そんなふうに時間を使っていたとしたら、チャンスです。あなたは朝シフトで大きく人生を変えられる可能性があります。

朝シフトは、睡眠時間を削って無理やり起きることではありません。生活時間を数時間前倒しして、朝早く起きる分、早く寝ましょうということです。

ところが、夜にはたくさんの誘惑があります。ここでは朝シフトを阻む代表的な誘惑を3つとりあげましょう。

テレビ大好き人間だった私も変われた

まずは、夜のテレビ番組です。

テレビをつけていると、ボーッとして何もしないまま、時間だけが過ぎていきます。

実はテレビは、知らない間に貴重な時間を大量消費させるものなのです。

「いやぁ、そうは言っても、あの気になるドラマの結末がどうなるか、先週からずっと楽しみにしているんだけど」とか、「毎週〇曜日の映画劇場を見るのが楽しみで、遅くまで起きていてしまう」、はたまた「深夜放送のあの番組が、どうしても気になっちゃって」など――。

かくいう私も、子どもの頃から毎日3、4時間はテレビを見ていた〝テレビ大好き人間〟でしたから、その気持ち、よくわかります。

しかし、考えてみてください。夜のテレビ番組は、あなたにとって、満員電車で1時間辛い思いをするのと引き換えにしてもいいほど、大切なものなのでしょうか？

あなたの人生にとって、プライベートやライフワークを犠牲にしてもよいほど本当に大切でしょうか？

どうしても見たい番組ならば、録画して週末にまとめて見る方法もあります。あるいは、テレビ放映される映画ならば、週末にＤＶＤを借りてゆっくり見る方法もあります。

「いや、そこまでして見たいとは思わない」ということであれば、逆に、見ることをスッパリあきらめても問題はないはずです。

ちなみに、あれほどテレビ大好き人間だった私も、今はニュース番組を短時間見るだけです。

インターネットは時間を占有する

朝シフトを阻む２つ目の誘惑。それはインターネットです。

現在、日本でも米国でも、テレビの視聴時間は減っています。その代わり、ブロードバンドの普及にともなって増えているのがインターネットの利用時間です。米国の調査会社ＩＤＣは、２００８年２月、ネットを頻繁に利用する米国人９９２人を対象に調査した結果を発表しました。これによると、ネット利用時間は週32・7時間で、あらゆるメディアの利用時間の合計（週70・6時間）の半分近くを占める、という結果が出ています。なお、テレビ視聴時間は週16・4時間でした。

テレビは何もしないでも情報が勝手に流れてきます。だから、他のことをしながらテレビを見る、ということが可能でした。しかし、インターネットは文字情報が中心なので、自分で意識して読まなければ意味を理解することができませんし、そもそも自分から情報にアクセスすることが前提です。そのため、テレビと比べて時間の占有度合いは高くなります。

今、見ている番組や番組の切り替わりのタイミングで、おおよその時刻がつかめるテレビとは異なり、時間感覚がつかみにくいのもインターネットの特徴です。ツイッター（http://twitter.com/）やフェイスブック（http://www.facebook.com/）、ユーチューブ（http://www.youtube.com/）などを見ていて、**気がついたら何時間も経っていてビックリした**という経験をお持ちの方も多いのではないかと思います。

また、仕事でもプライベートでも、メールやツイッターで連絡が入ってくると、どうしても気になって頻繁《ひんぱん》にチェックしてしまいます。そのたびに、関係ないニュースサイトを見にいったり、ツイッターのタイムラインを眺めたりして、時間がどんどん経ってしまうのです。しかし、考えてみてください。インターネットも、あなたにとって、満員電車の1時間と引き換えにしてもいいほど、大切なものでしょうか？

寝る直前までネットを見ていると寝つきが悪くなる可能性も

寝る直前までパソコンやインターネットを使っている人は、睡眠が浅くなって、翌日に悪影響が出たという経験がありませんか？　私の友人は「なかなか寝つけない」と心療内科で相談したところ、「睡眠の2時間前以降は、メールなどの文書作成は控えたほうがよい」というアドバイスをもらったそうです。インターネットを使うと、本来休むべきときに脳を活性化してしまうのかもしれません。

そこで最近、私は11時に就寝する場合は、9時にはノートパソコンを閉じてしまい、翌朝まで使わないようにしています。やることが多いときでも、10時には閉じています。たったこれだけのことでスムーズに睡眠に入ることができるようになり、睡眠の質は向上しました。何よりもインターネットをダラダラ見ることがなくなり、より早い時間に就寝できるようになります。

9時以降にメールをチェックすることはできなくなりますが、これは「決め」の問題です。ほとんどの場合、メールを見るのが翌朝になっても、何も問題はありません。

私自身、「ネットに棲《す》みついている」と言われるほどのヘビーなネットユーザーです。ブログを毎日書いていますし、ツイッターやフェイスブックもやっていて、自分のホームページもいくつか持っています。しかし、それらは空き時間に書くようにしています。ネットを使う時間も意識的に上限を設けていますし、ツイッターなどでの返事も最小限にとどめています。

今の時代、インターネットをいっさい使わないのは現実的ではありません。だからこそ、仕事の時間以外では、1日1時間なら1時間と上限を決めて使うことが求められます。

職場の飲み会はどうしてもマンネリ化する

朝シフトを阻む3つ目の誘惑。それは同僚との夜のおつき合いです。

同僚と飲み屋に行って、仕事の話をするのは楽しいものです。いつも一緒に仕事をしているわけですから、お互いに気心が知れています。愚痴を言ったり、悩みを打ち明けたり、あるいは新しい仕事への夢を語ったり……。心ゆくまで同僚と語り合うのは素晴らしいことだと思います。

しかし、会社の仲間との飲み会も、毎日のようにあると、同じような話ばかりでマンネリに陥ってしまいます。

私自身がそうでした。30代は、郊外の研究所に勤務していたので、一緒に飲む相手は同僚ばかり。みないい仲間でした。お酒が入ると、誰でも本音が出てきます。私も上司や同僚と徹底的に飲み屋で話し合ったことはとても勉強になっています。しかし、同じメンバーで週2、3回も飲んでいれば、いつかは話すネタが尽きてきます。帰りはいつも午前様で、翌朝10時に何とか二日酔いの頭で出社、という日々を繰り返していました。

よく考えてみると、お酒が入らなければ本音が言えない、本音が聞けないというのもおかしな話です。

たしかに酔っぱらった状態だとつい本音が出てきます。でも、そんな状態で話をしても、ほとんどの場合、その場かぎりの出来事です。酒席で出た話題にきちんと対応してくれる人はあまりいません。よくて「とりあえず本音を聞いてもらった」「とり

朝シフトを阻む3つの誘惑

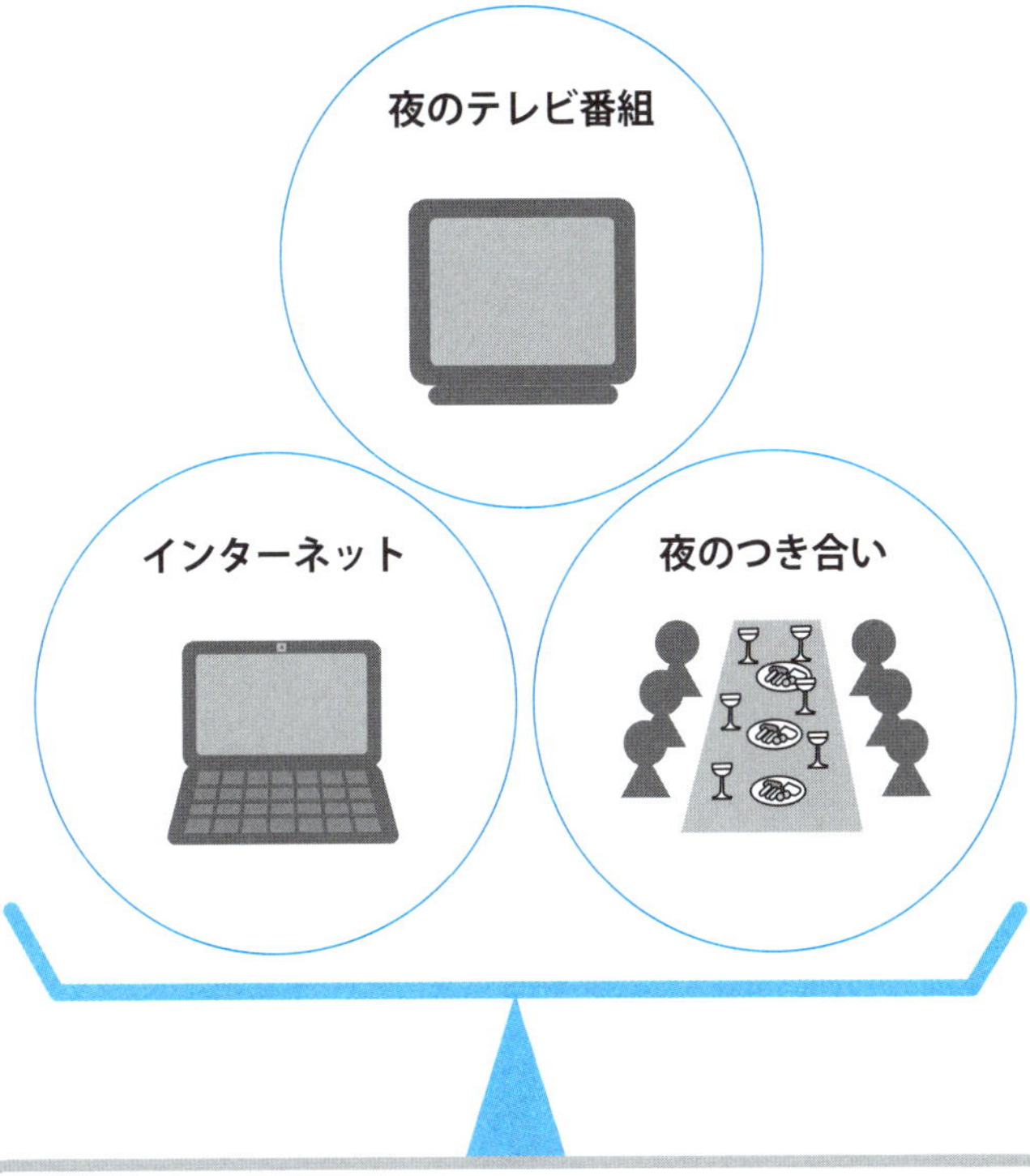

これら3つの誘惑と朝シフトによるメリットを比較して
よりよいものを選択する

あえず本音が聞けた」という安心感が得られるだけなのではないでしょうか。

仕事上の悩みは本来、勤務時間内に、職場の中で解決すべき問題です。お互いにシャキッとした頭で、抱えている問題点を話し合い、本音でアドバイスをし、必要なら具体的にサポートするというのが本来の姿です。

どうせ行くなら社外の交流に参加する

会社の仲間とのつき合いは大切ですし、私もそれは理解できます。しかしなかには、同じメンバーでしょっちゅう飲むのは気が向かないなと感じている人がいるかもしれません。そういう人は、飲み会に参加する回数を減らしてみてはいかがでしょうか。

週に1回、半月に1回、1カ月に1回……と減らしてみても、実はそれほどコミュニケーションに不具合は生じないのではないでしょうか。場合によっては「少々つき合いの悪いヤツ」と思われるかもしれません。しかし、失うのはその程度のものにすぎません。

一方で、社外の人たちとの交流は、今まで知らなかった世界を知るきっかけになりますし、新しい出会いや発見があるので、積極的に参加するとよいでしょう。

私はアイティメディアのオルタナティブ・ブログというサイトでブログを書いていますが、ここでは毎月定例で夜にブロガー会議を開催し、懇親会も行っています。若手・シニアを問わず、IT業界の現役ビジネスパーソンや経営者が、上下関係なくつき合える会なので、毎回参加して刺激をいただいていますし、私の人生にとっても大きな存在になっています。

職場の上司・部下・同僚との飲み会はできるだけ減らす一方で、社外の人たちとの交流には月に数回と回数を絞りつつ積極的に足を運ぶことをおすすめします。

朝シフトのためにあきらめるもの

人生はトレードオフ。選択の連続です。そして、その選択は他人ではなく、自分自身が決めることができるのです。**朝シフトして何かを得ようと思ったら、早く起きるために何かをあきらめなければいけません。**

夜のテレビも、インターネットも、同僚との飲み会も、自分にとってはとても重要だという人もいるでしょう。そういう人は、あえて切り捨てる必要はありません。しかし、それによって、朝シフトで得られる多くの可能性も、知らない間に切り捨てていることは知っておいてほしいと思います。
どちらを選択するか決めるのは、あなた自身です。

03

朝から逆算して1日を丸ごと前倒しする

午後10時に寝て早朝5時に起きる生活リズム

朝シフトは睡眠時間を削って早起きするのではなく、起きている時間帯を丸ごと数時間前倒しすることです。そのため、**朝起きる時間を決めて、そこから逆算する形で夜寝る時間を決め、さらに退社する時間を決めていきます。**

まずは、1日のスタート、起床時間を前倒しするところからいきましょう。

朝の時間をうまく活用しようという話ですから、今よりも数時間早く起きなければいけません。毎朝8時に起床していた人が2時間前倒しすれば6時起き、3時間前倒しすれば5時起きです。正直、辛そうですね。

でも、朝起きるのが辛いのは、早朝の5時だからというわけではありません。就寝時間を変えずに5時起きをイメージするから「辛そうだ」と思ってしまうのです。

3時間早く起きるために3時間早く寝る。深夜1時に寝て朝8時に起きている人(7時間睡眠)なら、午後10時に寝て5時に起きればいいのです(同じ7時間睡眠)。そう考えると、心理的な抵抗感もいくぶん薄まるのではないでしょうか。

同じ睡眠時間なら、朝早いから辛いとか、遅いから辛くないということはないはずです。同じ睡眠時間なら、早く寝て早く起きるほうが熟睡でき、起きるのは楽だと私は実感しています。

「満員電車に乗りたくない！」も立派な動機

朝起きるのが辛いとき、ベッドや布団から出られないとき、私たちはつい言い訳探しを始めます。

「昨日夜遅くまで頑張ったから、今朝はもうちょっと寝ていていいよね……」

「このまま起きても、体調が悪くなるに決まっている」

「今日は午前中に予定が入っていないから、誰にも迷惑がかからないし……」

「二日酔いで頭が痛い」

起床時間から逆算して1日の予定を決める

朝5時起き

「満員電車に乗りたくない！」

「朝のすがすがしい空気を吸いたい！」

早く起きるために、早く寝る

前日の22時に就寝

「早く寝ると熟睡できる」

「健康にもよい影響が！」

早く寝るために、定時退社する

前日の17時に退社

「ダラダラ残業しても能率が上がらない！」

「本気で時間内に終えようとすれば終えられる！」

「あと30分だけ……、お願い！」

まどろんでいる状態なので、論理的な言い訳は出てきません。しかし、自分に対する言い訳ですから、これくらいでも十分なのです。

1分でも1秒でも長く眠っていたいという誘惑を打ち負かすには、〝起きたほうがもっと楽〟と思える状態をつくってしまうのが一番です。

私の場合、「あの超満員電車に乗りたくない」「座って通勤したい」というのが、早く起きたい最大の理由です。ギュウギュウ詰めの満員電車を想像しただけで、布団から跳ね起きます。

人間は結局、楽なほうを選びたいから、ベッドや布団から出たくない、そのまま寝ていたいと思うのです。ですから、逆に「早起きしたほうが楽だ」「早起きしたほうが楽しい」と思える状態をつくってしまえばよいのです。とにかく頑張らない、楽しんで続けることが、朝シフトを実現するコツです。

どうしても早起きする理由が見つからない人は、強制的に朝に予定を入れてしまうという手もあります。

たとえば、朝8時からの社内会議。時差のある海外との電話会議は早朝や深夜に行われることが多いはずです。あるいは、早朝からビジネス街などで開催されている各種の勉強会に参加する――。予定を入れてしまえば、それに間に合わせるために、「7時半出社→6時半自宅を出る→5時半起床」という具合に起きる時間を決めることができます。

早起きの習慣が身につくまでは、こういう方法もよいのではないでしょうか。

早く起きるために早く寝る

朝シフトを始めて、ひとつ気がついたことがあります。昼間、全然眠くならないのです。

私自身、午前10時出社をしていた頃は、睡眠時間を十分とったつもりでも、午後に眠くなる時間帯がありました。これはどういうことでしょうか？

朝シフトは起きている時間帯を数時間前倒しするだけですから、睡眠時間はシフト前とシフト後で変わるわけではありません。早起きするために早く寝る。当たり前のことですね。

ところが、不思議なことに、同じ睡眠時間でも早く寝ることで睡眠の質がよくなるようなのです。これは私だけでなく、早朝から活動している多くの方々がおっしゃっています。

就寝・起床時間と健康との関係についてはさまざまな説があるようですが、できるだけ早く、日付が変わる深夜0時前には就寝する生活をしていると、成長ホルモン分泌や副交感神経の活性化、免疫力強化など、身体によい影響があるそうです。

考えてみると、太古の昔から、人間にとって夜は真っ暗なものでした。

東日本大震災の影響で、計画停電が実施された地域の人たちは、電気が消えた街がいかに暗いか、そして、真っ暗な夜には月明かりがいかに明るいものなのか、あらためて気づいた人も多かったのではないでしょうか。

人類は、太陽が出ると目覚めて活動を開始し、太陽が沈むと家に帰って寝る、という生活パターンを数百万年も続けてきました。文明が発展して夜が明るくなり、日が沈んでから8時間経った深夜2時になっても、コンビニの明かりが煌々《こうこう》と灯り、そこで買物ができるようになったのは、ここ20年くらいの出来事です。

人間にとって、夜早く寝て、朝早く起きることは、自然でムリのない状態なのではないでしょうか。

ふだん深夜1時、2時まで起きている人は、試しに今晩だけでも午後10時過ぎに寝てみてはいかがでしょうか？　翌朝起きたときの熟睡感がまるで違うはずです。朝シフトにより、午前0時前の睡眠時間をできるだけ多く確保することで、健康にもよい影響が出ます。

早く寝るために定時退社する

毎日早く寝るためには、何が必要でしょうか。それは、早く帰宅することです。そして、早く帰宅するためには、早く会社を出なければいけません。

毎日午後10時まで残業している人は3時間前倒しすれば7時退社、終電間際まで働いている人は3時間前倒しすれば9時退社になります。それだけでも大きな進歩ですが、ここでは**思い切って定時退社を目指すこと**をおすすめします。

実は、**朝シフトの最大の敵は〝ダラダラ残業〟**です。

朝シフトを阻む3つの誘惑、テレビ、インターネット、飲み会は、たしかに早く寝ることの障害にはなりますが、いずれも娯楽です。別の楽しみ（朝の快適な通勤、朝時間を活用したライフワークの充実など）があれば、克服できるはずです。

ところが、残業はあくまで仕事ですから、罪悪感がそもそも希薄です。就業時間後も集中できる気力と環境があればいいですが、連絡待ちの暇つぶしも、気晴らしのネットサーフィンも、周囲との雑談も、すべて残業でひとくくりにされてしまうところが問題です。そういう環境に染まってしまうと、1時間のつもりが2時間になり、3時間になって、〝ダラダラ残業〟が常態化してしまうのです。

ですから、朝シフトを実現するためには、就業時間は仕事に集中し、可能なかぎり定時に会社を出ることを目指してください。

「そんなことを言われても、仕事は忙しいし、なかなか定時には終わらない」という人も多いでしょう。しかし、本当にそうでしょうか？

夜に大事な飲み会やデートの約束があれば、どんなに仕事が忙しくても、ふだんの何倍も集中して、何としてでも時間内に終わらせる——。そういう経験がある人は多いのではないかと思います。

おそらくその日は、何時までに何を終えるという段取りを真剣に考え、ムダ話をほとんどせずに、その時間に間に合わせるように集中していたのではないでしょうか。

大事なその日にできたことは、他の日にもできるはずです。一度そういう経験があれば、毎日同じことができないはずはないのです。それを可能にするための仕事術は、次の章でくわしく紹介します。

04 周囲の目を気にせず定時退社するコツ

周囲の目が気になって早く帰れない

高度経済成長期の日本は、遅くまで仕事をすることが美風ととらえる企業が多くありました。しかし最近ではそう考えない企業も現れてきています。たとえば、全社残業ゼロで19期連続増収増益を達成したトリンプ・インターナショナル・ジャパンや、良品計画（無印良品）のように、会社全体で「残業禁止」をうたっている会社もあります。

社会全体は「残業撲滅」の方向へと、確実に変わりつつあります。しかしながら、まだ残業が多い職場もたくさんあります。

残業が多い職場で定時退社するには、勇気が必要です。周囲の目が気になるという人も多いようです。

「周囲の目」に対抗するためには、誰もが認めざるを得ないような成果を上げることが一番です。「あいつはあれだけやっているのだから……」というわけです。

しかし、それだけでは、必ずしも周囲の目に対抗できない場合があります。それは、あなたが仕事の成果を上げているにも関わらず、他人からその成果が見えていない場合です。

特に日本人は「不言実行」が美徳とされ、自分の仕事の成果をアピールするのが苦手です。そのため、「成果を上げていないのに早く帰宅するのはいかがなものか」と言われる可能性はあります。

こまめなほうれんそうで仕事を「見える化」

そこで、あなたの仕事を周囲に「見える化」するのです。

「見える化」といっても、派手にアピールする必要はありません。「報告・連絡・相談」をまとめて「ほうれんそう」と呼びますが、地道に「ほうれんそう」を繰り返せば、あなたの仕事ぶりは上司や同僚の知るところとなります。

たとえば、仕事の進捗状況を上司に「報告」する。何か進展があれば関係者に「連絡」する。判断に迷ったら上司や仲間に「相談」する。そうやって日頃から「ほうれんそう」を心がけていれば、あなたの仕事ぶりに関する次のような情報が、同じ職場にいる人たちに共有されている状態になるはずです。

・あなたが今取り組んでいる仕事は何か？　その進捗状況は？
・クリアすべきどんな課題があるのか？　その解決策は？
・どれくらい熱心に取り組んでいるのか？
・どんな創意工夫をしているのか？
・その結果、どんな成果が出たのか？（出そうなのか？）
・朝は何時に出社して、何時に退社しているのか？
・勤務態度は真面目か？　集中力は？　能率は？　コミュニケーション能力は？

あなたの仕事ぶりが「見える化」されると、単純に「成果」だけの問題ではなく、「あいつは誰よりも早く出社してきているから、早く帰るのは当然だ」といった空気を醸成することができます。

職場に理解者が一人でもいれば、周囲のプレッシャーもきつくなくなりますし、そのうち「じゃあ、私も朝早く出社してみようかな」という同調者が出てきてくれるかもしれません。そうなればしめたものです。朝の効用を思いきりアピールして、職場全体で「ムダな残業ゼロ」を目指せばいいのです。

アウトプットの質と量は「集中できる時間の量」で決まる

実は、会社を早く出ることが問題なのではありません。むしろ、「遅くまで残って仕事をした気になっている」としたら、そっちのほうがよほど問題の根は深いということを理解しておきましょう。

8時間ぶっ続けで仕事に集中すれば、誰でも疲労が蓄積します。その状態で残業しても、生産性は下がる一方です。こんなに遅くまで頑張っているのに、できあがったアウトプットの質・量ともに満足のいくものではなかったという経験はありませんか。そういう人は、今すぐ仕事の時間を朝型にシフトしたほうがいいと思います。

1日の終わりに残業する場合と比べると、朝の仕事の生産性は6倍に高めることが可能です。翌朝、リフレッシュした頭と身体で、前日に残した仕事に取り組んだほうが、ずっと生産的で質の高い仕事ができます。

朝シフトした人は、朝7時に出社して仕事をしています。9時出社の人と比べて2時間も多く、最も集中力の高まる時間を自分のためだけに使えているのです。

同じ2時間でも、朝9時に全員が出社してからの2時間と、まだ誰も出社していないときの2時間では、密度がまったく異なります。誰にも邪魔されず、自分の仕事に集中できる時間をどれだけ確保できるかで、アウトプットの質と量が決まるのです。

自分のやるべき仕事をすべて完了し、かつ、仕事の「見える化」をしたうえで、自信を持って、堂々と帰宅したいものです。

05 家族のサポートがあれば早起きも苦にならない

一人きりだと続けるのに強い意志がいる

もし、この本を読んでいるあなたが独身でしたら、早起きするかどうかは、あなたの決断次第です。自分で早起きすると決め、決めた時間にちゃんと起きて、始業前の数時間を自分なりに使いこなす。仕事をするのも自由ですし、個人的な勉強時間に充てるのもいいでしょう。

また、早起きを続けられるかどうかも、あなた次第です。「面倒くさい」「疲れた」「明日から早起きすればいい」と言って延ばし延ばしにするのも、「いやこういうときこそ頑張って起きよう」と自分に活を入れるのも、すべてあなたが決めることです。

誰にも言い訳ができない分、自分で決めたルールを守るかどうかは、あなたの意志にかかっています。

でも、もしあなたが結婚しているのなら、朝シフトは簡単に実現する可能性が高くなります。ただし、それにはひとつ条件があって、それが**「家族のサポートが得られること」**です。

ベッドや布団から抜け出せない自分を起こしてくれる家族がいれば、早起きをサポる確率はかなり減ります。夕食を家族と一緒に食べようと思えば、早く帰宅する必要があります。朝早く学校に出かける子どもと話をしたければ、早起きして朝食のテーブルを囲むのが一番です。

子どもが小さいうちは、保育園・幼稚園への送り迎えが悩みの種のひとつですが、朝シフトをして時間が自由に使えれば、そうした悩みの大半は解消されるはずです。

家族にもメリットがあれば協力してくれる

自分一人で「明日から毎日早起きするぞ！」と決意したとしても、「私は早起きなんてしたくない」と言う家族がいるかもしれません。そういうときは、**家族にもメリットがあるようにすること**で、相手のサポートを引き出すとよいでしょう。

これは私の実感でもあるのですが、生活のリズムを朝中心に回していくと、自分も家族も健康になり、一緒にいる時間が長くなり、夫婦の会話も増えて、いいことばかりだと思います。

とはいえ、そこに価値を見出すかどうかは、あなたのパートナー（男性の場合はあなたの奥様、女性の場合はあなたの旦那様）や家族が決めることです。そこで、本書では、実際に私の早起きをサポートしてくれている妻に、コラムを書いてもらうことにしました。

朝シフトをすると、家族にとってどんなメリットがあるのか、夫の早起きをサポートするために妻にできることは何か。そういう視点で読んでいただけると、参考になるのではないかと思います。

男性のあなたが朝シフトを決意したら、このコラムの部分だけでも奥様に読んでいただくとよいかもしれません。

Column

夫を早朝派にすると、妻にもこんなにいいことが！

ピアニスト・合唱指導者 永井千佳さん

私は、高校・大学と音楽専門の学校に通っていました。入学すると、まわりは小さい頃からエリート教育を受けてきたような人たちばかり。私は9歳からのスタートで、他の人より遅れていたのです。

まずは、同年代の人たちに追いつかなくてはなりませんでした。そこで、朝始発に乗って登校し、学校のレッスン室を借りてピアノの朝練習を始めました。この方法がよかったのは、1日を2回使えることでした。朝練習して、授業を受ける。そこでいったん身体と頭をリフレッシュさせ、また夕方から練習を始めると、2回分に匹敵する練習内容が可能なのです。

朝練習は私に合っていたようです。大学2年の頃からは、弾きたい曲がどんどん弾けるようになり、ピアノが面白くなってきました。できなかったことができるようになる満足感。人が弾けないような曲をクリアすることで、「私でもできるんだ」という気持ちが芽生え始めたのもこの頃です。

ピアノを練習する時間がほしい

結婚してからは、夫の勤務先が近所だったことで、朝が遅くなりました。ピアノは続けていましたが、家事や仕事の合間を狙って防音室にこもり、あせりながら立て続けに練習することが増えたとたんの腱鞘炎《けんしょうえん》。その後3年間、本格的にピアノが弾けなくなってしまったのです。

転勤のため、夫が片道2時間弱の遠距離通勤をしていた頃は、夫の帰宅に合わせて夜9時以降の食事を続けているうちに、私はだんだんと太ってきました。今より体重が8キロも多く、上り坂を歩くと息切れしてしまうほど。

さらによくないのは、夫が出勤した後、家事や雑用、買い物を済ませ、ピアノを教えていたので、生徒のレッスンを終えるとあっという間に夕方。1日がサーッとすごいスピードで終わってしまうのです。

その後、夫が遠距離通勤に耐えかねて引っ越し。新たに借りたマンションでは、ピアノを弾く時間の制限が厳しく、夜は練習できません。腱鞘炎も治ったばかりで、ムリはできません。できれば朝と午後、1日を2回に分けて練習したいと思っていました。学生時代と同じように――。

そのために、一度「朝早く行って仕事したら効率がいいのでは？」と提案したことがありましたが、「帰りも遅いし、早起きなんてできないよ」と一蹴されました。

そんな矢先、2日連続で事故による電車のストップ。夫は「仕事にならなかった」とがっかりして帰ってきました。私は「今だ！」と思いました。

「始発で行ってみたら？　事故にあう確率も下がるし、満員電車で痴漢に間違われるリスクも減るんじゃないかしら。痴漢に間違われて会社をクビになった人が新聞に出ていたよ。一生棒に振る人もいるんだって。怖いよね」

すると、夫は「ううむ……そうだね。やってみようかな」と言い出すではありませんか。ただ、早朝出勤になると、お弁当作りが大変ではないかと私に気を使い、躊躇《ちゅうちょ》しているようでした。アトピー性皮膚炎患者の夫には、体質に合った弁当を持たせる必要があるのです。最後は、「私が先に起きて朝ご飯とお弁当を作る」のひと言で決まりでした。

早起きを続けるコツ

朝起きるのって辛いです。根性で何日か続いても、あるとき「やっぱり疲れたから今日は寝てよう。1回くらいならいいや」と思ってしまうと、そこから続かなくなることもよくあります。

継続するには、まず寝る時間を決めること。私の場合は夜11時と決めています。夜のコンサートもありますし、食事のおつき合いは大好きなので、そういうときは遅くてもOKとします。でも次の日は必ず定時に起きる。そして、昼に仮眠をとって生活に支障のないように調整するクセをつけました。

次に、「夫よりも先に起きること」。早起きの目的は夫に早く出社してもらって「自分の時間をつくること」。西郷隆盛さんが行っていたという「薩摩式」

で一発起床です。時間になったらとにかく何も考えずに掛け布団を跳ね飛ばす。体に冷たい空気を感じることで目覚めを促します。それでもダメならばシャワーをあびて交感神経を刺激すれば、すっきりします。私が起きて弁当や食事の準備をしていれば、夫も寝てはいられません。すべては自分次第と思いましょう。

そして忘れていけないことがあります。それは、相手が起きてきたらとにかくほめること。「よく起きられたね、すごいね」と声をかけます。ほめられればうれしそうにしています。そのうち、こちらが起こさなくても自分で起きてくれるようになります。

そして、「行ってきます」と夫が出かけた瞬間から、自分だけの時間がスタートします。朝～正午までは自分の持っている才能の3割増しと思い、インスピレーションを必要とするような作業を行うといいでしょう。どうしても集中して音楽づくりをしたいとき、誰にも邪魔されないように、電話線を抜いてしまったこともあります。

ピアノも声楽もブログも——朝シフトで広がる世界

私は腱鞘炎になったとき、ほとんどの音楽的な仕事を失いました。社会的な死——。これほど辛いことはありません。そのとき、もっと社会と関わっていたい、たくさんの人のためになるような社会貢献的な仕事がしたい、という思いを強くしました。

私は現在、合唱団の運営と指導をしています。そのために絶対必要なスキルが声楽でした。声楽は学生時代にやっていたのですが、声がサビついてしまい、使い物になりません。一からやり直すことにしました。ピアノに加えて声楽のレッスンも朝と夕方に分けて行うことで、声帯疲労の蓄積を防ぐことができます。今では、以前は歌えなかったような難しいオペラのアリアも歌えるようになりました。

朝から活動していると、思った以上に集中力が高まり、時間を効率的に使えます。そこでできた時間を使ってブログを書くことにしました。自分の音楽的な活動や知恵をオープン化し、敷居が高いと思われているクラシックや芸術文化の素晴らしさをみなさんに知ってもらい、豊かな人生への気づきを促すことが目的です。

新しい試みとして、合唱音楽を一般の方々にも味わってもらおうと、「1時間でハモる合唱プレゼン」を始めました。初めての人でも、その場でいきなり合唱をして、ハモリの楽しさを体験します。最初、このアイデアを合唱関係者に話したら「そんなのムリだ。気でも狂ったの？」と言われたほどです。

早朝6時半から夫の主宰する「朝カフェ次世代研究会」（210ページ参照）にて合唱を行い、結果は大好評でした。そして組織のチームワーク作りにも有効であることがわかりました。今後もいろいろなところでこのプレゼンをしながら、合唱音楽の楽しさ、クラシック音楽がみんなのものであることを広めていくのが私の夢です。

Part ❶
朝30分の仕事術

第❷章

朝シフトのため
１日の時間配分を見直す

01 時間ポートフォリオで最大の効果を生む

朝のゴールデンタイムにしてはいけない仕事

午前6時。人気のない朝は気持ちよく、静かで透明です。新鮮な空気を心地よく感じます。

午前7時。誰もいないオフィスに到着。質のよい睡眠を十分にとって、頭がリフレッシュし、コーヒーをひと口飲んで頭が覚醒するその時間は、誰にも仕事を中断されることもなく集中でき、頭が1日の中で最も活性化するゴールデンタイムです。

そんなゴールデンタイムに、出張旅費精算とか、先週開催したセミナーのアンケート入力作業を行ったとしたら、どうでしょうか？　もったいないと思いませんか？

いくら頭が活性化していても、精算や入力などの単純作業のスピードが6倍になることはないからです。

朝早く会社に来て仕事をするだけでは、朝の生産性は6倍になりません。頭が最も活性化している朝の時間を有効活用し、生産性を6倍まで高めるには、1日の時間の使い方全体を見直す必要があるのです。

1日全体を見渡して、**どの時間帯にどんな作業をすると生産性が高まり、仕事の質が向上するか**を考えます。この「仕事と時間帯の組み合わせ」のことを、本書では「時間ポートフォリオ」と呼ぶことにします。

「時間ポートフォリオ」の考え方を仕事に導入することで、あなたの生産性と仕事の質は大きく向上します。特に、1日で一番頭が活性化する出社直後から正午までの時間をいかに有効活用できるかがポイントです。

アイデアがつくられる5段階のプロセス

朝の生産性を6倍に高めるには、「時間ポートフォリオ」をどのように考えればよいのでしょうか？

そのための基本理論を提供してくれるのが、ジェームス・W・ヤング『アイデアのつくり方』（阪急コミュニケーションズ）です。

同書の英語での初版は1940年。もはや古典ともいえる本です。日本語版は1988年に出版されました。100ページの薄い本ではありますが、この本にはアイデアを生み出すために必要な方法論が詰まっています。以下はその引用です。

・アイデアの作成は、一定の明確な過程であり、流れ作業である。この技術を修練することが、これを有効に使いこなす秘訣である。

・アイデアとは、既存の要素の新しい組み合わせ以外の何ものでもない。

・以下がアイデアの作られる全過程ないし方法である。

第一、資料集め：諸君の当面の課題のための資料と一般的知識の貯蔵をたえず豊富にすることから生まれる資料と。

第二、諸君の心の中でこれらの資料に手を加えること。

第三、孵化《ふか》段階。そこでは諸君は意識の外で何かが自分で組み合わせの仕事をやるのにまかせる。

第四、アイデアの実際上の誕生。〈ユーレカ！　分かった！　みつけた！〉と

いう段階。そして

第五、現実の有用性に合致させるために最終的にアイデアを具体化し、展開させる段階。

たとえばニュートンは、「田舎道を散歩している最中に木からリンゴが落ちるのを見て、万有引力を発見した」といわれています。しかし、本当にそうだったのでしょうか？

おそらく、ニュートンは膨大な実験事実を蓄積し（第一の「資料集め」の段階）、その事実に対して徹底的に思考を重ねて行き詰まった状態に陥り（第二の「心の中で資料に手を加える」段階）、しばらくその問題から離れているうちに潜在意識が事実と思考を整理し始め（第三の「孵化」の段階）、田舎道でリンゴが落ちるのを見た瞬間に「すべてのモノはお互いに引き合うのだ」というインスピレーションが働き、頭の中のすべてのパーツがつながった（第四の「アイデア誕生」の段階）、ということだったのではないかと思います。その後に、得られた洞察を実際の理論に落とし込む作業を行ったのではないでしょうか（第五の「具体化・展開」の段階）。

化学記号で有名なベンゼン環も、実験の末、思考に思考を重ねて疲労困憊《こんぱい》した科学者ケクレが、まどろんでいる最中に蛇が自分の尾をかんでクルクル回っている夢を見て、ベンゼン環構造を思いついて生まれたものです。

ニュートンやケクレの例でもわかるように、ポイントをかみ砕いてまとめると、

①事実・データをできるかぎり収集し、
②徹底的に考えに考え、
③いったん忘れて潜在意識に処理をまかせて、
④アイデアが生まれ出るのを待ち、
⑤アイデアが生まれたら、それを誰にでもわかるように具体化する

ということなのでしょう。

いかに新しいアイデアを生み出し価値を創造するか

ビジネスというのは、結局のところ、いかに新しいアイデアを生み出し、それを実

現するかにかかっています。新しいアイデアの実現は価値の創造です。アイデアが枯渇すると、新たな価値が生まれないので、そのビジネスはジリ貧にならざるを得ません。

私は20代後半、日本語版の出版後、間もない時期に『アイデアのつくり方』に出会い、この考え方をアイデア作成の基本理論として実践してきました。この本で述べられているような方法論さえ身につければ、アイデアを効率よく生み出すことができます。

この本の5段階の方法論を、時間ポートフォリオと組み合わせることで、朝の生産性が6倍にアップするのです。それは私自身が日々体験していることでもあります。

では、どのように組み合わせればいいのでしょうか？

『アイデアのつくり方』に従って順に紹介します。この理論の第一段階「資料集め」です。それは前の日の午後から始まります。

02

どの時間帯に何をすべきか？

――時間ポートフォリオの実践

午後は情報のインプットと思考に充てる（13時～18時）

「時間ポートフォリオ」は前日の午後をスタート地点と考えます。

午後は、早朝からの仕事の連続で、頭が疲労し始める時間です。この時間帯は生産性が下がり気味なので、なかなかアイデアを生み出すことはできません。

そこで昼すぎから夕方にかけてのこの時間帯には、『アイデアのつくり方』の第一段階「資料集め」と第二段階「心の中で資料に手を加える」作業を行います。

私の経験では、脳が適度に疲労している午後の時間帯は、潜在意識に情報をインプットするためには最適なのではないかと感じています。そこで、資料の収集と読み込み、つまり脳への大量インプットを行います。少し疲れた頭でひたすら考えながら、情報をできるだけたくさん詰め込み、脳がいっぱいいっぱいでこぼれそうな状態にします。

その状態になったら、あとは、なすがままにして忘れます。

出張旅費精算などのルーティーンワークも、この時間帯にまとめて行います。このような作業は、実は頭が活性化している朝の時間帯に行っても、頭が疲労している時間帯に行っても、生産性はほとんど変わらないからです。

アイデアやひらめきを必要としない仕事は、できるかぎり午後の遅い時間に回すことがポイントなのです。

夜は「忘れる」のが仕事（18時～翌朝5時）

何もせずにボーッとしているとき、突然アイデアがわくことがあります。それまでずっと頭を悩ませてきた問題の解決方法が浮かぶのは、得てしてこうした「何もしていない瞬間」だったりするのです。

それればかり考えていたときは思いつかなかったことが、いったんそこから離れて忘れておくと、フッとアイデアがわく。

これは何が起きているかというと、あらかじめ脳を情報でいっぱいにしたうえで、あえて意識の上からその問題を消し去ることで、潜在意識が大量の情報を整理し、組み合わせ、つなげてくれるのです。それによって、今まで気づかなかった視点がもたらされ、パッとひらめくというわけです。

では、夜にすべきことは何でしょうか。

少し意外かもしれませんが、夜は何もせずに「忘れる」ことです。何もしていなくても、潜在意識はちゃんと働いていて、午後にめいっぱい詰め込んだ情報をセッセと整理してくれています。**この潜在意識の作業を邪魔しないためにも、いったん忘れる必要がある**のです。

いくら考えても答えが見つからないときは、その話題を頭から消し去って「忘れる」ことです。そうすれば、あとは潜在意識が勝手に処理してくれるのです。これが『アイデアのつくり方』の第三段階「孵化段階」です。

脳にはちゃんとこのような仕組みがあるのに、活用しないのはとてももったいないことです。

この夜の時間こそ、プライベートで家族と充実した時間を過ごしたり、ライフワークに使ったり、遊んだりすべき時間なのです。あるいは、ゆっくりと寝ていてもよいでしょう。その間も、潜在意識はちゃんと仕事をしてくれているのですから。

「よく学び、よく遊べ」といわれるのも、同じことです。このことわざは、英語では、

"All work and no play makes Jack a dull boy."
（勉強ばかりさせて遊ばせないと子どもはダメになる）

といいます。大人であっても、いつも仕事ばかりしていると、生産性と仕事の質が下がってしまうのです。

アイデアは早朝にやってくる（5時～9時）

早朝は、脳が一番活性化する創造的な時間です。ここで、前日の「仕込み」が利いてきます。

前日の午後に詰め込んだ情報を、リフレッシュした頭であらためて眺めてみましょう。おそらく、**前日気がつかなかった新しい視点や洞察が得られるはず**です。それは、

前の晩から明け方にかけて、潜在意識が情報を整理しておいてくれたおかげです。『アイデアのつくり方』の第四段階「アイデア誕生」です。

前日の午後に情報を仕込み、残業はせずに仕事を離れ、潜在意識に情報の整理をまかせてしまう。このような下準備をすることで、前の晩に3時間残業しても得られなかった洞察が、朝の30分で得られるのです。こうして得られた新たな洞察は、仕事の質と効率を格段に上げてくれます。

午前中にアイデアを形にする（9時〜13時）

どんなに素晴らしいアイデアが浮かんだとしても、それを他人にも理解できる形に落とし込まなければ、単なる〝思いつき〟の域を出ません。

早朝に着想を得た段階では、アイデアといってもたいてい手書きのメモのような自分にしか理解できない形になっているはずです。**そのままでは役に立たないので、それを他人が見てもわかるように加工する**ことが必要です。

言い換えれば、自分だけにしかわからない「暗黙知」の状態にあるアイデアを、誰にでもわかる「形式知」の状態にするのです。

時間ポートフォリオの1日のサイクル

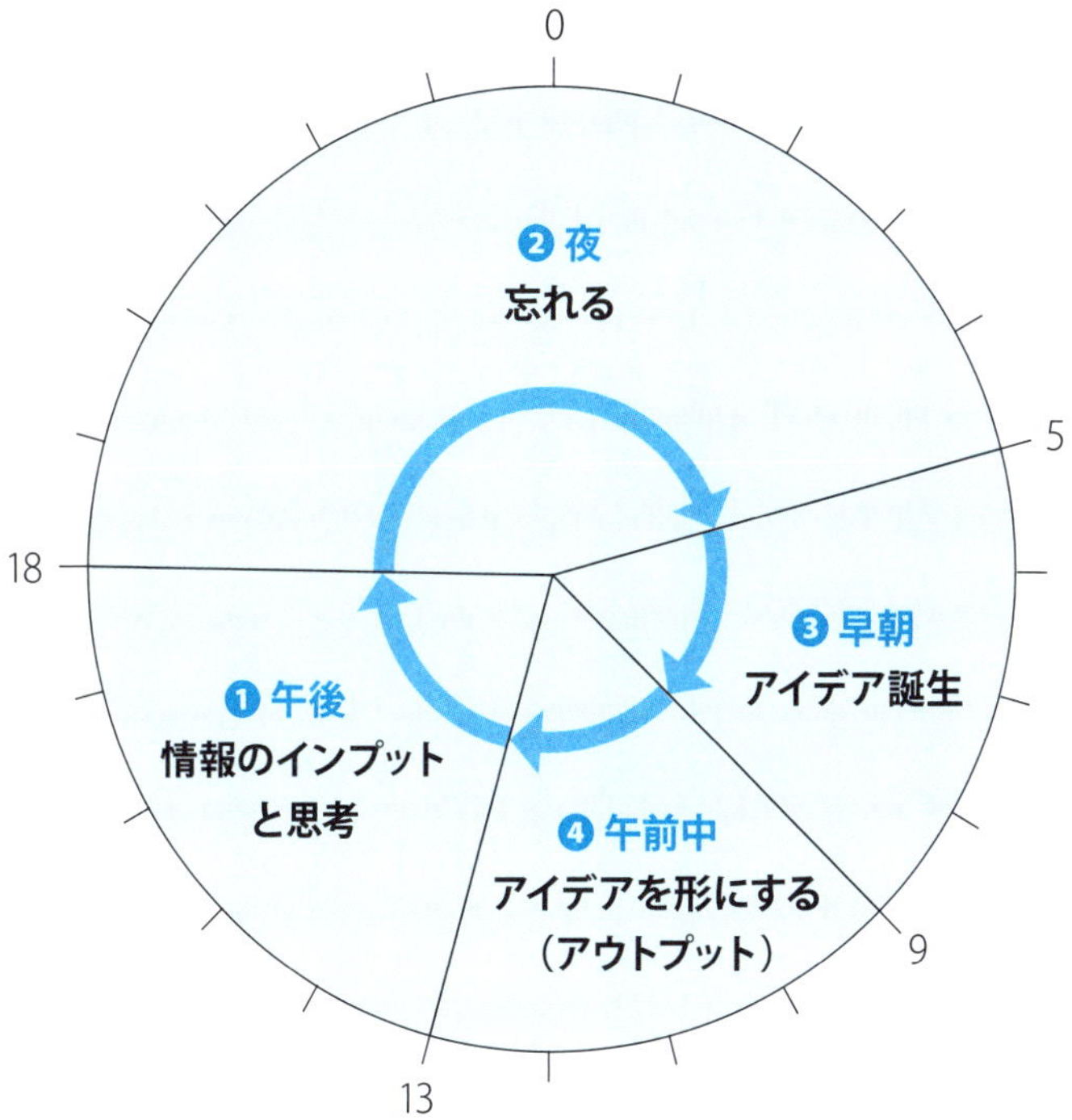

具体的には、文章にまとめて関係者にメールで送ったり、パワーポイントなどのチャートに整理して説明できる状態にしておきます。要するに、アウトプットですね。

これが、午後になって頭が疲労する前の午前中に行うべき作業です。『アイデアのつくり方』の第五段階の最終的なアイデアの「具体化・展開」です。

アウトプットするときに考慮しなければいけないのは、どうすれば他人でもわかる形になるかということです。せっかくのアイデアも、他人に伝わらなければ役立ちません。そして他人に伝わらない状態は、生産性を大きく下げます。これについては、コミュニケーション術について述べた第4章でご紹介します。

「前日に情報を詰め込む」→「夜は忘れて潜在意識に整理をまかせる」→「翌朝、着想を得る」→「午前中にそれをまとめる」というサイクルを習慣づけることで、アイデアを生み出す力がどんどん高まっていきます。その結果、朝の生産性はますます上がっていくのです。

なお、実際には、ここで紹介した「時間ポートフォリオ」どおりに事を運ぶのはむずかしいかもしれません。私自身も日々の仕事では、ゴールデンタイムの早朝から昼まで会議が入ったり、緊急対応案件が入ったりして、必ずしもこのとおりに時間を活用していわけではありません。しかし、この考え方を身につけ、できる範囲で実践することで、生産性がアップし、仕事の質も大きく向上します。

03 思いつきは即記録する。それが忘れないコツ

放っておけば跡形もなく消えてしまう

頭が一番活性化する早朝にアイデアが生まれやすくするために、1日の時間の使い方を見直して、時間ポートフォリオを組むわけですが、必ずしも狙ったタイミングでアイデアが浮かぶわけではありません。起きた瞬間に思いつくこともあれば、通勤電車の中や歩いている最中にポンポンとアイデアがわいてくることもあるでしょう。

みなさんも、思いついた貴重なアイデアを忘れてしまい、思い出すのに時間がかかったり、結局思い出せなかったりした経験がありますよね。

アイデアはなかなか生まれてきません。思いがけないときに生まれて、あっという間に消えてしまいます。そのため、アイデアを思いついて「これは使える」と思った

瞬間に即記録することが必要です。

反応速度の速いテキストエディタが役立つ

私は、次の方法でアイデアを記録します。

パソコンがある場合は、パソコンにアイデアを文字で入力します。私は「秀丸エディタ」というテキストエディタを15年以上使っています。

アイデアは思いついた瞬間に記録しておかないと、どんどん形を変えていってしまうので、素早く記録できるツールでなければ間に合いません。最初の思いつきをふくらませ、連想ゲームのように次々とアイデアを連鎖させて大きなかたまりをつくっていくためにも、反応速度の速さが何よりも重要です。

その点、秀丸は反応が速く、考えるのに近いスピードでテキストの入力・編集ができるので、助かっています。いつもアイデアを書くためのファイルを決めておき、このファイルに書いていきます。

ちなみに、私は本を書く場合でもいきなりワードで書くことはせずに、秀丸で下書きし、完成文章をつくってからワードに貼りつけています。そのほうが結局は早いからです。

じっくり考えたいときは手書きのメモ

パソコンが使えない状況でアイデアが生まれることもあります。たとえば、電車で立っているときはiPhoneのメモ帳に文字でキーワードだけを書き、後でまとめます。キーワードだけでも書いておくことで、後で「あれ、どんなアイデアだっけ?」と忘れることがなくなります。

なかには文字にする前の段階のアイデアもあります。そういうときは紙の出番です。たとえば本の構成を考えるときなど、じっくりとアイデアを練りたい場合はこの方法を採ります。参考までに、ある本のアイデアをまとめた際に書いた例を次ページに掲載しておきます。

アイデア出し専用のノートを用意して、そこに書いてもいいのですが、私はA4サイズの紙の裏も多用しています。要するに、なくさなければいいわけで、サイズが大きいほうがアイデアもふくらみやすいと思います。

思いついたアイデアはストックしておくことが必要です。その目的も兼ねて、その

日の一番大きな気づきをブログに書いています。ブログに書いたコンテンツは、今や自分にとって大きな財産になっています。

2011年6月時点でブログのエントリー数は累計で1400件になっています。

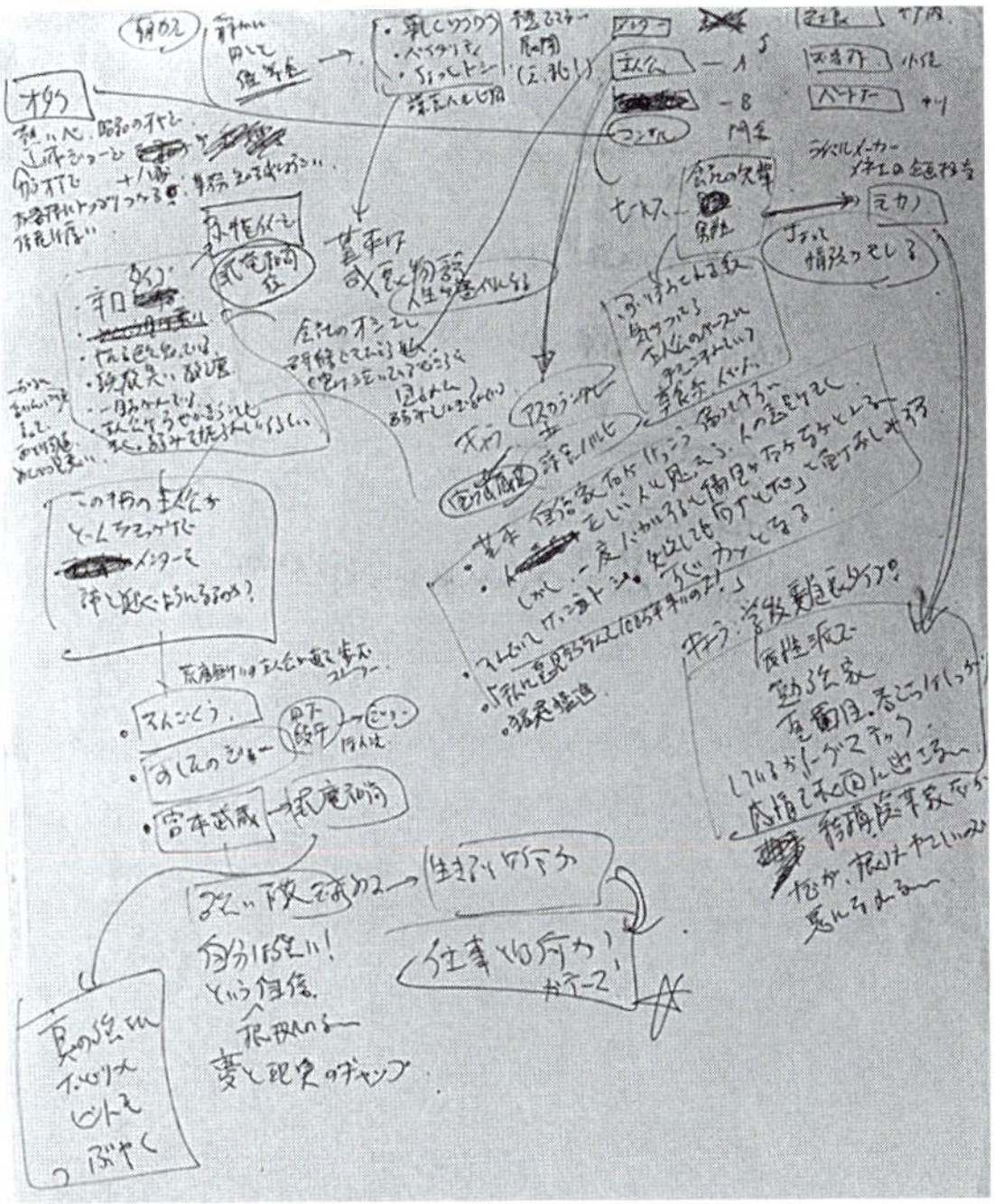

「ブログ名+キーワード」で検索すると、自分が過去そのキーワードについてどのようなことを考えたのか、数年間さかのぼって検索できます。まさに**自分だけのナレッジデータベース**として活用できるのです。実はこのようにして書いたコンテンツを引用することで、本書も生産性高く執筆できました。

Column

朝はポジティブに、夜は人脈づくりに

イシン株式会社　代表取締役 大木豊成さん

　私が最初に新卒で入った会社は朝9時始業でした。15分前に着けば大丈夫だろうと思って8時45分に出社していたら、ある朝、上司に「遅い！」と言われました。「45分から準備を始めたら9時ギリギリだろう。9時にはもうバリバリ働いてないといけない」と言われて、8時半に出社するようになりました。

　ところが、8時半に来てもその上司はいるし、悔しいから8時に来ようと思っても、その上司はいるわけです。その上司が7時15分に出社するのがわかったのはだいぶ後のことでしたが、それを見て「格好いいな」と思ったのが早起きに目覚めたきっかけです。いつも余裕を持って、「大木さん、今忙しいの？」と聞かれたら、どんなに忙しくても涼しい顔で「ヒマなんですよね」と言える状態をつくりたいと思っています。人が見ていない間に仕事をするのが美学というか。

　意識して朝早く出社するようになったのは、１９９９年に前職のソフトバン

クに転職してからです。孫正義社長が出る電話会議が朝8時半に始まります。忙しいプロジェクトになると、前日の夜と当日の朝で状況が変わるので、朝早く出社して最新の情報を資料に盛り込んだり……。それによって早起きが習慣化しました。

管理職ですから、日中は部下のために時間を割かなければいけません。午前10時から差し込みの仕事が入ってくるので、その時間までに自分の仕事は終わらせる。忙しいときは7時出社で、10時までの3時間で自分の仕事を終わらせていました。

家族と一緒に朝食を食べる

早起きはもともと苦手でした。シンガポール国立大学時代は毎日死にそうな思いをしながら起きていました。献血に行っても血をとってもらえなかったくらいの低血圧で、朝は弱いものだと勝手に思い込んでいたところもあります。

社会人になってから早起きの習慣が徐々に身について、今は毎朝5時起きです。

私は社外の人たちとのつき合いを大事にしています。だから、連日会食が入っていますが、前日の夜どれだけ帰りが遅くなっても、6時までには必ず起きます。家族と朝食を食べるためです。子どもが6時50分には学校に行ってしまうので、朝食の時間はずらせません。

朝の使い方を参考にさせてもらった人は、脳科学者の茂木健一郎さんです。茂木さんは朝起きてすぐに書き物をするとおっしゃっていました。身体はまだ起きていなくても、頭は活動しているからだそうです。それを真似て、5時に起きたらすぐに寝室にあるデスクで、ブログや本の原稿を書いたり、資料作成をしたりしています。6時の朝食までの1時間と、朝食後の30分から1時間ほどを書く時間に充てているのです。

私の場合は朝早く出社するのではなくて、早起きして自宅で仕事をしています。自分一人で完結する仕事を集中してこなします。

オルタナティブ・ブログには2005年のスタート当初から参加しています。

どうせ書くなら、より多くの読者に見てもらえるところで書いたほうが面白いなと思って書き始めました。当初は書く時間は決まっていませんでしたが、やっているうちにライフスタイルが確立されて、朝に書くようになりました。

ブログを書くと頭が整理されます。たとえば、たまたま入ったレストランの店員の態度が悪かったとき、ブログを書いていなかったときはムカッとして終わりだったのですが、今は「なぜこういう態度なのか」「その店員のどこが悪いのか」「他のお店と比べてどうなのか」「どこを変えればよくなるのか」といった考えが次々と浮かんできます。何でもブログと結びつけて考えるクセがついていて、不満や批判を書いても読者はつまらないだろうから、どう書けば読まれる文章になるかをいつも考えています。

残業をやめると社外のネットワークが広がる

私は残業をしないと決めています。ソフトバンク時代からそうなのですが、私が残業しているのは他のメンバーの影響であることが多いのです。特に、遅く出社してきたメンバーですね。誰かの仕事が遅れているから、こちらにしわ寄せがきて残業になる。自分の仕事で遅くなったことはほとんどないと思います。もちろん、夜にミーティングが入るということはありますが。

残業をしないようになって一番よかったのは、社外のネットワークが広がったことです。同じ会社にいる朝の弱い人たちと比べると、私は社外のつき合いがとても広いと思います。

残業が多い会社は社内結婚が多いとよくいわれます。要するに、時間がなくてつき合いが広がらないからでしょうか。私も社内の人間と食事に行くことはありますが、残業していて遅くなるからメシでも食って帰るか、という誘い方はしません。夜はほとんど社外の人たちとの約束で埋まっているからです。

アポをとっているから仕事もそれまでに終わらせようと努力するし、まったく違う世界の人たちと交流を持っていると、その時点ではわからなくても、後から点と点がつながって、仕事に活きてくることも現に起きています。

たとえば、今うちでやっているプロジェクトでも、こういう案件があるけれども誰かに聞いてみようというときは、「あの人に聞けばたぶん何かわかるんじゃないか」という心当たりがだいたいあります。それだけさまざまな業種に知り合いがいるということです。

朝はポジティブな提案型、夜はネガティブな説教型

一人当たりの仕事量が以前よりも増えた今、8時間の勤務時間内に、すべての仕事をこなせる人は多くないのではないでしょうか。私自身、他の人の影響を受けますし、数十時間分の仕事をわずか数時間で終えられるほどのスーパーマンでもないので、残業しないと決めた時点で、どこかで帳尻合わせをしなければなりません。

私にとって、それは朝時間の活用でした。朝早く起きて、集中力の高い時間に自分の仕事を片づける。出社してからは社員やプロジェクトのために時間を

使う。そういう時間割が性に合っているようです。

ある社長から「朝ブロVS夜ブロ」という話を聞きました。朝書いたブログと夜書いたブログを自分で比較してみて、夜書いたブログはどこかネガティブだと気づいたと言います。夜は反省の時間で、自分自身を振り返ったり、社員に言いたいことがあってもストレートに書いてしまう。ところが、朝書いたブログは、同じことを書いていても「こうしたほうがいい」という提案型が多かったそうです。

たしかに、ブログでなくても、ミスをした社員と夜に話していると、どうしても説教臭くなります。ところが、翌朝その話題をするときは、説教している時間もないので、次のアクションに移る話になりやすいのです。朝は人間をポジティブにしてくれるようです。

個人のスタイルによって違うでしょうし、夜のほうがふさわしい人もいるでしょうが、朝型の私にはストンと腑《ふ》に落ちた話でした。太陽が出ている間に仕事をする。これが人間らしいのかもしれませんね。

Part ❶
朝30分の仕事術

第❸章

仕事の順番は何よりも優先順位が大事

01 今やるべき仕事をはっきりさせる

目の前の仕事をひたすらこなすだけでは生産性は上がらない

仕事をするとき、あなたはどのような順番で行っているでしょうか?

「締め切りが近いものから順番に行っている」

「できるものから始めている」

「上司や先輩から言われた仕事をしている」

「いつも他の人から頼られているので、緊急な依頼がよくくる。そんな仕事ばかりやっていて、自分の仕事に集中できない」

このような状態だと、なかなか生産性も仕事の質も上がりませんし、残業も減りません。

効率的に仕事をこなすには、どの仕事から先に取り組んで、どの仕事を後回しにするか、優先順位を決める必要があります。ここでは、仕事の優先順位をどのように考えて、今行うべき仕事を決めるべきなのかをご紹介します。

重要度と緊急度で仕事を分類する

仕事の優先順位を考えるにあたって、重要度と緊急度は大きな要因です。

スティーブン・R・コヴィー博士は『7つの習慣』（キングベアー出版）の中で、「時間管理のマトリックス」という考え方を紹介しています。時間の過ごし方を「緊急」と「重要」の2つの軸によって、4つの領域に分けたものです。コヴィー博士は緊急と重要を次のように定義しています。

緊急……「すぐに対応しなければならないように見えるもの」。「今すぐ」と私たちに働きかけてくるもの。典型的なのは鳴っている電話です。鳴りっぱなしの電話を放っておける人は滅多にいません。

重要……「あなたのミッション、価値観、目標の達成に結びついているもの」。

——最終的な成果に関連しているものです。

「時間管理のマトリックス」は、この2つの軸により4つの領域に分けて考えます。ふだんのあなたの仕事を、この時間管理のマトリックスに当てはめて考えてみてください。どれが多いでしょうか？

第1領域が多い人は、つねに締め切りに追われている状態です。そのような人は、自分の仕事の進め方を見直す必要があります。日々の仕事で、「重要だが緊急ではない」第2領域の仕事を先送りした結果、「重要かつ緊急」な第1領域の仕事ばかりを抱えてしまっている可能性が高いからです。

第3領域が多い人は、他人の仕事ばかりしていて、自分がすべき仕事ができていない人です。この領域の仕事ばかりこなしていると、**忙しい一方で自分のアウトプットはなかなか出せません**。生産性は下がる一方です。

相手が本当に重要と思っているのであれば率先してやるべきですが、実は相手はそれほど重要と思っていないというのはよくあることで、最悪の場合、あなたがその仕事をしていることを忘れてしまっている可能性すらあります。それなのに、あなたは

時間管理のマトリックス

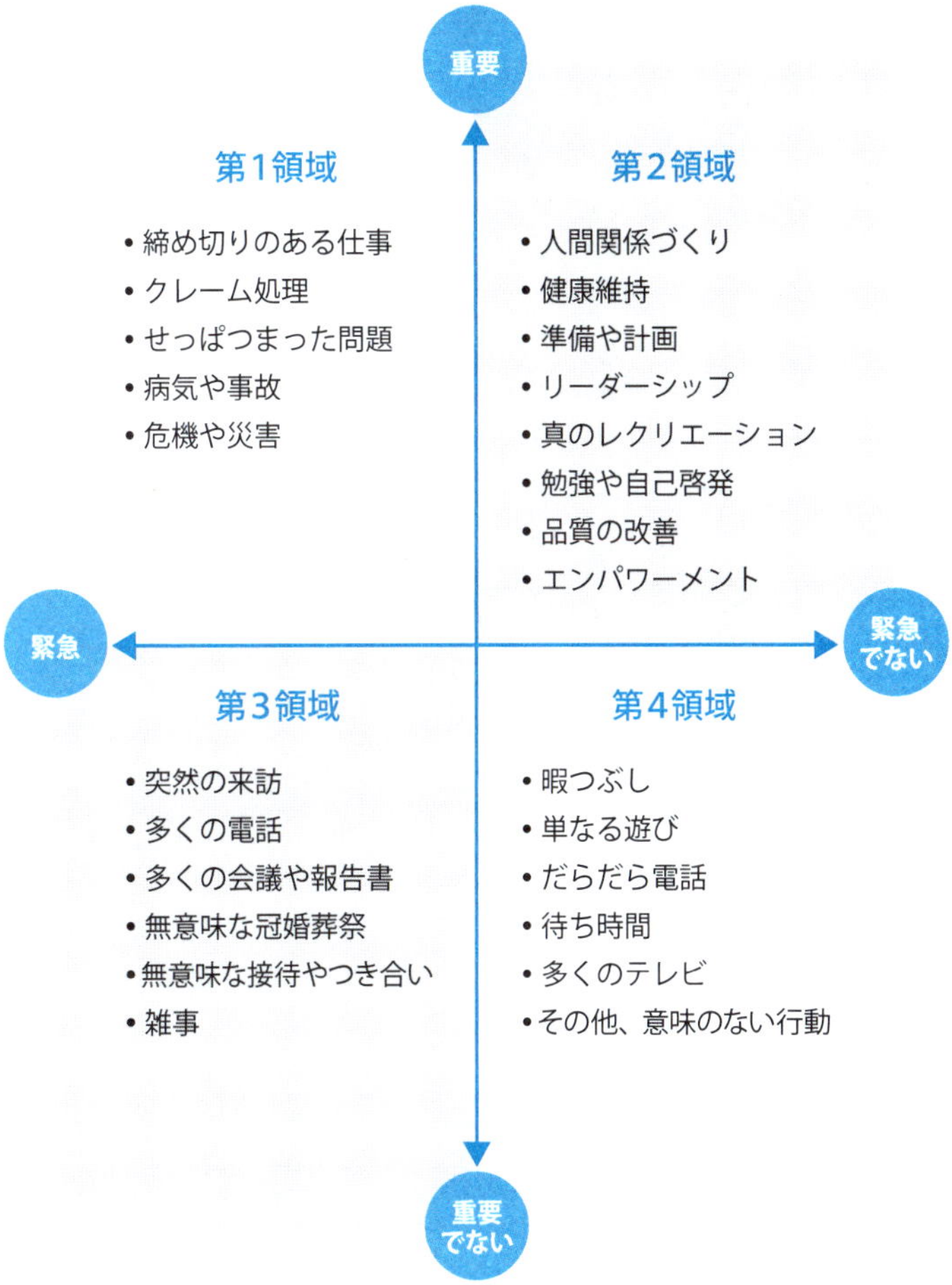
重要
緊急
緊急でない
重要でない
第1領域
• 締め切りのある仕事
• クレーム処理
• せっぱつまった問題
• 病気や事故
• 危機や災害
第2領域
• 人間関係づくり
• 健康維持
• 準備や計画
• リーダーシップ
• 真のレクリエーション
• 勉強や自己啓発
• 品質の改善
• エンパワーメント
第3領域
• 突然の来訪
• 多くの電話
• 多くの会議や報告書
• 無意味な冠婚葬祭
• 無意味な接待やつき合い
• 雑事
第4領域
• 暇つぶし
• 単なる遊び
• だらだら電話
• 待ち時間
• 多くのテレビ
• その他、意味のない行動

第1領域と錯覚している場合が多いのです。

第4領域は、何のアウトプットも生み出していない状態です。リラックスすることも必要なので、家に帰った後はこのような時間も必要かもしれません。しかし、こればかりだとしたら問題ですね。

第3領域と第4領域の仕事は、できれば避けたいところです。重要でない仕事に時間をとられてしまうと、生産性が上がらないことはいうまでもありません。

重要だが緊急ではない仕事をどれだけ増やせるか

実は、第2領域こそ、ふだんから着実に実行すべきことです。しかしこの領域の仕事は、緊急性がないため、先送りしてしまいがちです。その結果、第1領域が多くなって慌ててしまう、ということが起きるのです。

第2領域の仕事を増やすためには、自分の強い意志が必要になります。ふだんからこの第2領域の仕事を意識して重点的に行うことで、第1領域の仕事が徐々に減っていきます。

以上をまとめると、まず第3領域と第4領域の仕事をなくすこと。そして、できるだけ第2領域の仕事を増やして、結果的に第1領域の仕事を減らすことが、自分で主体的に仕事を進められるようにするカギです。

このマトリックスを見ると、ほとんどの人は第1領域に注目するのですが、緊急度というのは、たいてい自分ではコントロールできない要素です。「緊急で重要な仕事」を最優先で行わなければならないのはある程度やむを得ないところですが、そればかりになってしまうと、時間管理がむずかしくなるのです。

ですから、意識的に「重要だが緊急ではない仕事」を増やして、自分で時間をコントロールできるようにしておきたいところです。

02 他人依存度の高い仕事を優先する

自分一人で完結する仕事はない

仕事の優先順位を考えるにあたっては、重要度と緊急度以外の視点も必要です。それは、他人との仕事の依存関係です。

仕事というのは、一人で完結するものではなく、必ず他の人と一連の流れの中で進んでいきます。次ページの図のように、前の人のアウトプットを受け取ったAさんは自分の付加価値を加えてアウトプットします。それを受け取ったBさんが自分の付加価値を追加してアウトプットし、さらにそれを受け取ったCさんが……ということがつながって、最終成果物が顧客に渡ります。

なかには画家のように、一見、自分だけで完結できるように見える仕事もあります。

他人とのつながりで流れていく仕事

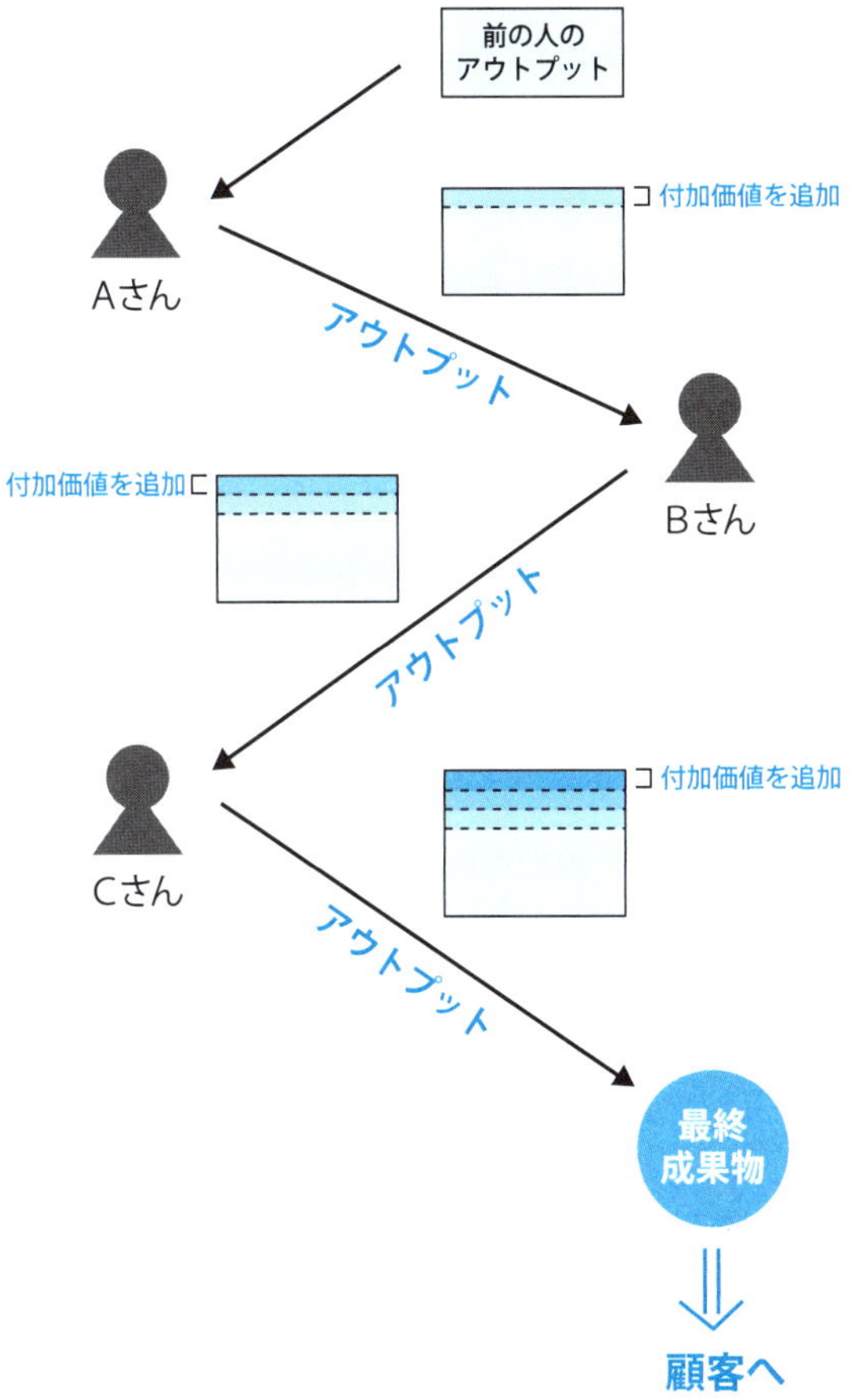

しかし、その場合でも、展覧会などを開催する場合は、アウトプットをギャラリーに渡す必要があります。一人だけですべて完了できる仕事は、世の中にはありません。

仕事を進めるにあたっては、自分の仕事が必ず一連のプロセスの流れの中にあることを理解することです。業務がうまく流れていくためには、前工程の人からは期日どおりアウトプットを受け取り、後工程の人に期日どおりアウトプットを渡す必要があるのです。

前工程のアウトプットを待っている「待ち時間」には仕事は進みませんし、「付加価値」も生み出されません。仕事全体のスピードアップをはかるためには、この仕事の「待ち時間」を減らすことが重要になります。

他人依存度の高い仕事から取り組む

実は個人で簡単なルールを決めることで、待ち時間を減らせます。それは、次ページの図で示したように、他人依存度の高い仕事を優先して行うことです。具体的には、仕事を次のような3つの優先順位でしていくことになります。

他人依存度で優先順位を決める

優先順位高 ↔ 優先順位低

他人依存度 ↔ 自己完結度

❶相手のアウトプットが必要な仕事

- 相手に依頼（内容、理由、納期）
- コミュニケーション能力が重要

❷相手が自分のアウトプットを待っている仕事

- 納期に間に合わせる
- 仕事の処理能力とスピードが重要

❸当面の間は自分だけで完結できる仕事

- 他人からのアウトプットをとりまとめる
- 仕事の品質管理が重要

①最優先でやること：相手のアウトプットが必要な仕事

自分の仕事を進めるにあたって、相手からのアウトプットを必要とする場合があります。すでに業務プロセスが確立されて、誰から何をいつまでに受け取るか、決まっている場合はいいのですが、そうでないときは、**相手に仕事をお願いしないことには何も始まりません**。

相手に何かを依頼するときは、求めているアウトプットの種類とそれが必要な理由、相手にとってのメリット、納期を明確に伝えます。こちらの狙いと、先方のメリットをはっきりさせて、同意をとりつけるためのコミュニケーション能力が必要になるのです。

相手の処理時間も考慮して、早めに依頼します。あまりに早く依頼すると、相手は先延ばしする可能性もあるので、依頼のタイミングにも気を配ります。

②2番目にやること：相手が自分のアウトプットを待っている仕事

仕事を依頼したとき、「すぐに返事をくれる人」と、「なかなか返事をくれない人」がいることを実感している方も多いのではないでしょうか？　「なかなか返事をくれない人」の存在こそ、相手の「待ち時間」を長くしている原因のひとつです。「待ち時間」は何も生み出しませんから、全体のプロセスを考えると、「待ち時間」をできるだけ短くすれば、チーム全体の生産性が向上します。仕事はチームで行うものなので、それは回り回って、自分にとってもよい結果をもたらします。

自分自身も相手から見て、「いつもすぐに返事をくれる人」でありたいですね。相手が待っている仕事は、できるだけ早くアウトプットしたいところです。

重要なのは、相手が必要としている納期を厳守し、間に合わせることです。つまり、仕事の処理能力とスピードが求められます。

③最後に回すこと：当面の間は自分だけで完結できる仕事

これは自分が使用する資料作成などが該当します。このような仕事は、締め切り前であれば、いつでもできますから、優先順位としては後回しにします。

自分だけで完結できる仕事は、自分が他人からのアウトプットをとりまとめる最終価値提供者になる場合が多いのです。ここで必要なのは、仕事の品質管理です。

この3つの優先順位は、あくまで他人依存性の観点によるものです。実際には納期などにより、優先順位が変わることもありますし、時間帯によっては自分で完結できる仕事を最優先で行ったほうが高い生産性を上げられる場合もあります。

仕事の生産性を上げるためのひとつの考え方として、覚えておくとよいでしょう。

03 その日やるべきことをリストアップする

毎朝手書きでＴｏＤｏリストを書き出す

これまで優先順位づけの考え方をご紹介してきました。ここからは、具体的にどのように優先順位を決めていくかをご紹介します。

私は社会人になってから、毎朝行っていることがあります。それは、朝一番でＴｏＤｏリスト（やるべきことリスト）を書き出すことです。おそらくすでにやっておられる方も多いことでしょう。

頭の中にある、やらなければいけない仕事をすべて、毎朝、書き出します。今日、明日、１週間、１カ月の範囲で、「やらなければいけない」とわかっている仕事をすべて、毎日書き出すのです。前日のメモも参考にしています。

ここで注意すべき点がひとつあります。毎日必ず「手書き」で書き出す、ということです。

実は私もパソコンや電子手帳でＴｏＤｏリストを管理していた時期がありました。パソコンや電子手帳を使うと、再入力の手間がなく、一見効率的です。しかし、何かしっくりこないのです。

たとえば、同じやるべきことでも、数日経つとその内容も微妙に変わってきますし、優先順位も変わります。パソコンや電子手帳を使うと、その変更を反映するのがどうしても面倒になり、一度入力した内容がずっとそのまま残ってしまうのです。結果的にＴｏＤｏリストの情報鮮度が古くなります。

結局、私は手書きでの管理に戻りました。実際に手を動かしながら考えることで、リストがどんどん変わっていくからです。

数日前は「やるべき仕事」だったのに、時間の経過とともに「やる必要のない仕事」になることはよくあります。このような仕事は、毎日リストを書き出す中で、自然にカットされていきます。パソコンや電子手帳では、この大切な「考え直す」というプロセスを無意識のうちに省略してしまうのです。

「☆」がすべて「×」になればその日の仕事は完了！

このToDoリストには、特別の用紙は必要ありません。普通の紙とペンで十分です。私自身は、業務で使用している大学ノートに、ボールペンで書いています。もちろん、自分のお気に入りの手帳に書き込むこともできます。

やるべき仕事をすべてリストアップした後は、今日中に完了させる仕事を明確にします。このときずっと考えているのは、「今自分がやるべき仕事は何で、今日はどの仕事を完了すればいいのか？」ということです。

具体的にどのようにToDoリストで管理するのか、私の例を131ページの図で紹介してみましょう。

まず、カテゴリーに分けて書き出します。ここでは「Aプロジェクト」「Bプロジェクト」「講演準備」の3つに分けます。このカテゴリーごとに、やるべき仕事をリストアップします。それぞれの仕事の締め切りと、成果を誰に渡すのかも明記します。

今日中に完了させる仕事には☆をつけます。

「相手のアウトプットが必要な仕事」と「相手が自分のアウトプットを待っている仕

事」は、必ず今日中に終わらせます。自分の仕事でも、前倒しで進めたい仕事は今日中の完成を目指します。一方で、それ以外の自分だけで完結できる仕事も、緊急度はありませんが、重要な仕事です。これらも時間を見つけて少しずつ進めていきます。

その仕事に☆（つまり「今日中に完了を目指す」）をつけるかどうかは、重要度、緊急度、他人依存度（自己完結度）を考慮して決定しますが、いったん☆をつけた後に、仕事の優先順位を確認するときは、この☆がついているかどうかだけを判断基準にします。その日の仕事は、この☆のついたすべての仕事を完了させることが目標になるからです。

仕事が完了したものは×をつけます。☆のものにすべて×がつけられれば、今日の仕事はすべて完了、ということになります。☆がついた仕事に×をつけるのは、「ひと仕事終わった！」という達成感もあって、気持ちがよいものです。

細切れ時間の活用が大きな差を生む

会議が予定よりも早く終わって、短い時間が空くことがあります。私の場合、5分間とか10分間といったように時間が空いたら、その細切れ時間を活用して、仕事をし

To Do リストの例

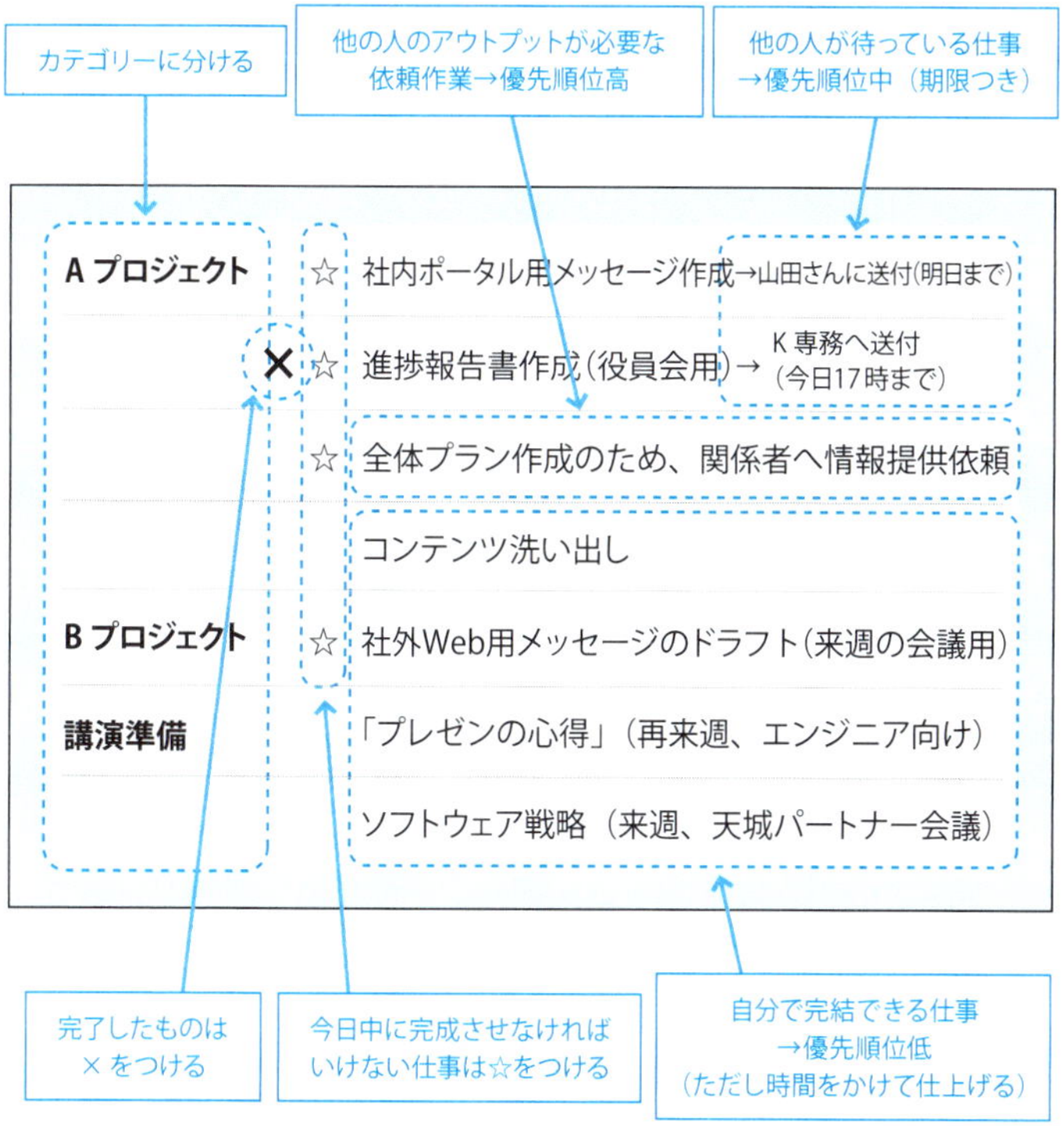
カテゴリーに分ける
他の人のアウトプットが必要な依頼作業→優先順位高
他の人が待っている仕事→優先順位中（期限つき）
A プロジェクト
☆ 社内ポータル用メッセージ作成→山田さんに送付(明日まで)
✕ ☆ 進捗報告書作成(役員会用)→ K 専務へ送付(今日17時まで)
☆ 全体プラン作成のため、関係者へ情報提供依頼
コンテンツ洗い出し
B プロジェクト
☆ 社外Web用メッセージのドラフト(来週の会議用)
講演準備
「プレゼンの心得」（再来週、エンジニア向け）
ソフトウェア戦略（来週、天城パートナー会議）
完了したものは×をつける
今日中に完成させなければいけない仕事は☆をつける
自分で完結できる仕事→優先順位低（ただし時間をかけて仕上げる）

ています。

ここで役立つのがＴｏＤｏリストです。☆がついた「今日中に完了を目指す仕事」を最優先に行いますが、なかには短い時間で行えないものもあります。そのときはＴｏＤｏリストの中から、その短い時間でできる仕事を探して、やっていきます。

細切れ時間の活用では、やるべきことがすぐに見つかることに意味があります。頭の中に入れておいたままだと、やるべきことを思い出すだけでその細切れ時間をすべて使ってしまうからです。

先ほどの例でいうと、プレゼン資料の見直しやコンテンツの洗い出しなどを行ったりしています。5分間、10分間といった短い時間であっても、これが蓄積することで、生産性と仕事の質は意外なほど大きく向上します。

また、アイデアはこんなときに突然降ってきたりします。忘れないようにメモをとるなどしておきましょう。

04 やってはいけない仕事はやらない

間違ったことを一生懸命やらないために

ここまで、仕事の優先順位の考え方と方法を紹介してきました。一方で、そもそもその仕事をやるべきなのか、やらなくてもいいのではないか。そういう視点を持つことも重要です。

解決すべき課題や、期待されるアウトプットが明確でない状況で、どれだけ大量の仕事をこなしても、決して効率を高めることはできません。実際には、解決すべき課題が明確でなかったり、課題設定が間違ったまま、仕事をしているケースは意外に多いのです。

仕事の質と効率を上げるためには、仕事を始める最初の段階で、解決すべき課題は何なのか、その時点で何ができていて何ができていないのか、どのような答えとアウトプットが必要とされているのかを把握し、そのうえでどう仕事に取り組むべきかを考えます。

新製品の開発を例に挙げます。開発の初期段階で、どのような顧客ニーズがあるのか、具体的にどのようにその顧客ニーズに応えるのか、どのような価値を提供するのかが明確になっていないと、いくら最新技術を投入し、手間と労力をかけて開発しても、製品として売れる可能性はあまりないといわざるを得ません。

逆に、顧客ニーズと解決策、提供する価値が具体的で明確な場合、製品として成功する可能性は高くなります。

個人の仕事もまったく同じです。あなたが取り組む仕事は、どのような課題を解決しようとしていて、期待されるアウトプットが何なのか、自分で認識していますか？　ここをしっかり把握しないまま、一生懸命に大量の仕事をこなしていても、残念ながら成果に結びつくことはありません。

ターゲットと目的を明確にしてから取り組む

もっと身近な例として、あなたが講演依頼を受けた場合を想定してみましょう。最初に考えるべきなのは、講演を聴く人が誰で、その人たちはどのような課題を持っていて、その課題を解決するにはどのような講演をすればよいか、ということです。講演の目的は「講演をすること」ではなく、「講演を聴く人の課題を解決すること」です。場合によっては、自分よりも、講演するのに適切な人がいる可能性もあります。

たとえば、私の専門は事業戦略です。技術的な深掘りは得意ではありませんし、特定製品知識は製品担当者にはかないません。仮に私に対して「事業戦略の話をしてほしい」という依頼があったとしても、講演を聴く人が、本音では事業戦略ではなく特定分野の技術的内容を掘り下げて聞きたいのであれば、この講演依頼を引き受けるべきではなく、別の適切な人を紹介すべきなのです。

もし、最初の段階で、講演を聴く人の課題を把握せずに、その依頼を受け、一生懸命資料をつくって事業戦略の話をしたとしても、相手のニーズを把握し損なうと、講演を聴く人の課題は解決できず、講演の目的は達成できないのです。

つねに仕事の目的を考えて、今やろうとしている仕事が、目的達成にあたってどのような役割を持っているのか、考えるようにしたいものです。

Part ❶
朝30分の仕事術

第❹章

時短のための
コミュニケーション術

01 コミュニケーション不足がトラブルを生む

防げたはずのトラブルの数々

仕事は一人で完結するものではありません。上司や同僚、部下、他部署の人たち、取引先、顧客など、相手がいて初めて成り立つものです。

相手がいるということは、そこにコミュニケーションが不可欠です。直接会って話したり、電話で連絡したり、メールやツイッターでやりとりしたり、文書によって情報交換したり、カタログやウェブサイトを通じて顧客に情報を流したり……。

実は、**仕事上のトラブルの多くが、コミュニケーションの問題が原因で発生しています**。トラブル処理は優先的に取り組まなければならない一方、思いのほか時間もかかるものです。その分、予定していた仕事もはかどらず、生産性の低下を招きます。

Morning Power Morning Power Morning Power Morning Power Morning Power Morning Power Morning Power

よくあるトラブルとその原因

分類		発生した問題	原因
相手	顧客	購入した商品に問題が発生した	使用条件が正しく伝わっていなかった
	取引先	納期に間に合わない	納期が正しく伝わっていなかった
	上司	上司からの指示が、的確でない	上司へタイムリーな報告をしていなかった
	同僚	出席が必須の会議を欠席するので、プロジェクトが進まない	連絡が徹底していなかった
	部下	期限直前に全然違う資料をつくってきた	指示が正しく伝わっていなかった
場面	メール	メールの依頼内容が伝わっていない	メールで書いた内容が冗長でわかりにくく、一方的だった
	電話	電話で伝えた内容が伝わっていない	事前に話を整理せずに電話しており、依頼内容が明確でなかった
	プレゼン	聴衆が寝てしまい、伝わらない	情報過多で、逆に何も伝えられなかった
	企業ブログ	炎上してしまい、収拾に大きな手間がかかり、ブランド価値も下がる	読者への十分な配慮が欠けていた

想定外の残業は朝シフトの最大の敵でもあるので、できるだけトラブルは避けたいものです。

そこで、どのようにコミュニケーションをとれば、トラブルを未然に防ぐことができるか、考えてみましょう。それが、結果として生産性と仕事の質の向上につながるはずです。

「言いっぱなし」では通じない

トラブルの原因に共通しているのは、相手の立場に立たず、自分が言いたいことを一方的に伝えているという点です。コミュニケーションは双方向です。一方的に情報を発信するのはコミュニケーションではありません。相手に伝わらなければ、コミュニケーションは成立しないのです。

このようなコミュニケーション上の問題は、生産性と仕事の質を大きく下げています。不十分なコミュニケーションは、作業の手戻りを発生させ、顧客満足度を大きく低下させます。しかし、多くの人はそれを意識しないまま、不十分なコミュニケーションを繰り返しています。

コミュニケーションで大切なのは、次の3つの要素です。

①コミュニケーションの目的を決める
②相手に合わせて説明のしかたを変える
③一方通行で終わらせず、必ず相手に確認する

そこで、本章では、この3つの要素にそって、具体的なコミュニケーションのしかたを見ていきます。

02 コミュニケーションの目的を決める

目的のはっきりしない話は時間のムダ

仕事上のコミュニケーションは、お互いに情報を共有して、ある目的を達成するために行われます。つまり、コミュニケーションをするときは、必ず達成したい目的があるはずなのです。なければ、ただの雑談です。

その会議は何のためにあるのか。その商談は何のために行われるのか。そのメールは、その電話は何のためにするのか。それをはっきりさせます。

ところが、毎日受信するメールの中には時として**「結局、何がしたいの?」「私に何をしてほしいの?」**と首を傾げざるを得ない内容が混じっています。

これは、そのメールの目的が明確に決まっていないために起きる現象です。

コミュニケーションの目的

場面	目的
プロジェクト進捗会議	プロジェクトの状況を全員で共有し、一貫したアクションを立てることで、プロジェクトの目標を達成する
部門定例会議	部門全体で何が起こっているかを共有し、部門全体の中で自分の仕事の位置づけを理解し、部門全体の生産性を向上する
見込み客へのプレゼン	商品・サービスの購入を検討していただく
販売パートナーへのプレゼン	販売パートナーのビジネス拡大をいかに支援できるか、ご理解いただく
顧客トラブル対応の説明	顧客のビジネスへの影響を最小限に抑えるために、トラブルの原因分析と今後の対応策を説明し、対応策に同意を得る
新商品のWebでの情報発信	市場での新商品の認知度を高め、ブランド価値を向上させ、ビジネス拡大につなげる
上司への報告・連絡・相談（ほうれんそう）	自分の仕事の進捗状況を上司が理解し、部門全体の観点で、さらに生産性と仕事の質を上げるための指示を受ける
仕事の依頼をするメール	相手から、ある期限までに、決められた内容のアウトプットを受け取る

直接会って話す場合はもちろんですが、電話でも、メールでも、コミュニケーションをとるということは、たとえわずかでも相手にそのための時間を使わせるわけです。**目的のはっきりしない話で、相手の時間をムダにしないように気をつけなければいけません。**

「で、何をしたいの?」に答えられるように

このように書くと、きっと「目的がないコミュニケーションがあってもいいのではないか?」という意見をお持ちの方もいるでしょう。「仕事以外のことでも気軽に話し合えるような雰囲気があれば、職場の団結力が高まるのではないか?」と考える方が多いかもしれません。

たしかに、お互いに理解し合うことが目的であれば、そのようなコミュニケーションのしかたもあります。

しかし、その場合でも「社員同士の相互理解を高める」という目的があるはずです。それによって「目標を達成するために団結力を高める」「仕事が円滑に進むような職場環境をつくる」ことも視野に入っているかもしれません。

一方で、仕事中の私語が禁止されている職場もあるように、雑談ばかりで仕事をしない社員が多くては困ります。ムダ話は文字どおり「時間のムダ」なのであって、生産性と仕事の質を大きく下げます。

そうしたことを避けるためにも、そのコミュニケーションで達成したい目的をまず決めることが必要なのです。要するに、「で、何をしたいの？」という質問に、きちんと答えられることが重要です。

03 相手に合わせて説明のしかたを変える

うまく伝わらないのは自分の責任

コミュニケーションの目的を達成するためには、相手が内容を正しく理解し、受け入れて、こちらの意図にそった行動をとることが必要です。

内容が正しく伝わらなかったり、誤解されたり、「今は忙しいからムリ」と断られたり、「イヤだ」「やらない」と拒否されたりして、相手がこちらの思いどおりに行動してくれないこともあるでしょう。

でも、それは相手のせいではありません。コミュニケーションをしかけている側の責任です。私たちには、相手が理解し、受け入れてくれるように、コミュニケーションをする責任があるのです。

では、どうすれば、相手は理解し、受け入れてくれるのでしょうか。

まず相手のことをよく知ることです。「相手の立場に立って考えなさい」と言われますが、相手のことをよく知らなければ、その人の立場に立って考えることはできないからです。

相手の知識とポジション、状況を押さえておく

「相手のことをよく知る」といっても、何をどこまで知っていればいいのでしょうか。

コミュニケーションをスムーズにするために知っておくべき相手に関する情報は、次の3つです。

①相手が持っている知識の量

こちらが伝えたい内容について、相手がどの程度知っているかによって、伝え方が大きく変わります。その仕事について熟知している人には、簡単に用件だけ伝えれば済みます。しかし、その仕事に初めて携わる人に対しては、くわしく説明する必要があるかもしれません。

たとえば、パソコン機種の選定についてやりとりするケースを考えてみましょう。相手がパソコンにくわしい人なら、機種名を挙げるだけで、だいたいのことは理解してくれるでしょう。相手がパソコンに疎い場合、それぞれの機種について、補足説明が必要になります。サイズ、重さ、基本的な機能、使い勝手など、必要に応じて説明を加えることで、初めて相手に正しい情報を伝えられます。

一般に、説明が長いとくどくて理解しにくいものですが、相手の理解度を超えて短く省略してしまうと、何を言われているかわからなくなります。ですから、相手がどの程度知っているかを把握する必要があります。

②相手の立ち位置（地位、立場）

相手のポジションも、重要な判断材料です。役員、部長、課長、主任といった立場によって、物事を考えるスコープが違うためです。

現場での日々の仕事に追われている主任クラスの相手に経営レベルの話を伝えても、今ひとつピンときません。逆に、経営レベルのことを考えている役員クラスに特定の現場レベルの話を伝えても、十分に理解されない可能性があります。

ビジネスにおける立ち位置の違いを押さえておくことも重要です。相手が顧客・ユーザーなのか、外注先なのか、仕事上のパートナーなのかによって、判断基準が異なるからです。

顧客やユーザーはお金を出す側ですから、支出したお金に対する見返りを求めます。逆に、外注先はお金をもらって仕事をする立場ですから、受けている仕事の中身が重要です。また、パートナーは協業による自社の価値最大化を重視します。

③相手の状況

メールでのコミュニケーションが増えるとつい忘れがちですが、**相手が現在、話を聞ける状況かどうか**も重要です。

相手が忙しいときは、声をかけても真剣に聞いてくれないかもしれませんし、電話で拘束されることを嫌がる人もいるでしょう。逆に、落ち着いて話ができる頃合いを見計らって声をかければ、じっくりと相談に乗ってくれるかもしれません。

また、相手の状況によって、コミュニケーションの手段を変える必要が出てきます。

現代はメールでのコミュニケーションが一般的ですが、なかには1日数百通のメールを受け取っている人もいます。そういう人に緊急の用件でメールを送っても、見てもらえない可能性が高いでしょう。

携帯電話のSMS（ショートメッセージサービス）、オンラインチャット、ツイッターのメンションやDM、フェイスブックのメッセージ、電話、テレビ電話など、コミュニケーションの手段は多様化しています。なかには、会って話をしないことには何事も始まらない人もいます。どの方法がベストなのかは、相手によって、その状況によって決まります。完全にケース・バイ・ケースなので、そのつど考える必要があります。

相手の共感を引き出すコミュニケーション術

英語に「I hear you」という言い方があります。「話だけは聞いておくよ」という意味です。要するに、相手の関心が得られていない状態ですから、アクションは期待できません。

相手がこちらの意図を理解したとしても、そこに興味を持つかどうか、その話を受け入れ、行動に移ってくれるかどうかは、まったく別の問題です。

では、どうすれば興味を持ってもらえるのでしょうか。

相手がその案件に肯定的か、否定的かを事前に把握しましょう。肯定的なら話は簡単ですが、否定的だとむずかしくなります。あまり興味がない案件に振り向かせるためには、相手の価値観に合わせて提案のしかたを変える必要があります。

たとえば、論理的であることが何よりも重要と考えるタイプの人には、こちらもできるだけ論理的に説明する必要があります。何をしてほしいか論点を整理し、それをした場合のメリットとしなかった場合のデメリットを挙げて相手を説得します。

一方、情にもろいタイプの人には、自分がどれだけその人の助けを必要としているかを強調したほうが、話は通じやすいはずです。いつもお世話になっていることへの感謝の気持ちを添えるとなおよいでしょう。

話の筋が通っていることを重視する人もいます。このタイプの人は、筋が通っていないとまったく受け入れてくれません。大人の事情はこの際引っ込めて、原理原則を強調しつつ、相手が動きやすい大義名分を提案するといいかもしれません。

相手の共感を得るためには、相手が受け入れやすい状況をつくることが大切です。そうすることで、相手にはどんなメリットがあるのか、会社にどれくらい貢献できるのか。相手に合わせて、相手が行動に移りやすいようにコミュニケーションをはかっていけば、物事は今よりもずっとスムーズに流れ出すはずです。

なかにはどうしても相手が動いてくれないケースもあるでしょう。その場合は頭を切り替えて、別の人に話を持っていくなど、代替案を考えることも必要です。

04 一方通行で終わらせず、必ず相手に確認する

言いっぱなしでは仕事は完結しない

コミュニケーションとは双方向のものであり、その本質は対話です。しかし、インターネットが普及し、メールがコミュニケーションの主な手段となったことで、一方的な情報伝達になるケースが増えているようです。確認を怠ったまま放置しておくと、後でもめごとに発展することもあり得ます。

たとえば、こんなやりとりが日常的に行われています。

山下課長「高橋産業様を訪問する件、進捗はどうなっている？」
田中主任「営業の鈴木さんに訪問をセットアップするようにメールで依頼しました」

この例では、田中主任は営業の鈴木さんに一方的にメールを送っているだけです。田中主任は、鈴木さんがどうするつもりか、確認していません。

鈴木さんがメールを読んでいない可能性もありますし、読んでいても忘れていたり、あるいは鈴木さんが何らかの事情で高橋産業の訪問をセットアップできていない可能性もあります。この間、仕事は滞っています。アウトプットは期待できず、仕事の生産性は下がっています。

メールがなかった時代は、電話をかけたり、会議の場で直接やりとりして、相手の意思を確認するのが当たり前でした。ところが、メールのやりとりでは、必ずそこにタイムラグが生じます。この時間差が、誤解や行き違いを生む土壌となりやすいのです。

必ず相手の意思を確認する習慣を

本来、営業の鈴木さんは、このような依頼を受けたら早めに返信して、意思表示をしておく必要があります。「承知しました」でも、「現在、高橋産業様は期末の追い込みで多忙のため、訪問するのは1カ月以上先になります。確定次第、ご返事します」でもいいでしょう。

しかし、メールを受け取った相手が必ずしもこのような対応をしてくれるとはかぎりません。メールは一方通行の情報伝達手段と割り切ったうえで、**メールの返事がない場合は、電話や会議、あるいはチャットなど、相手の負担が軽い手段を使って必ず確認しておくこと**です。

送りっぱなしにしないで、きちんとフォローする姿勢が身についていれば、相手が何らかの事情でアクションをとれなかった場合でも、早めに対策を打つことができます。

メールは便利なコミュニケーションの手段ですが、それだけに頼りすぎず、意思確認するための手間をいとわないことが大切です。

「いつまでに」「誰が」「何をするか」を共有する

その際に重要なことは、コミュニケーションを通じて、「いつまでに」「誰が」「何をするか」を具体的に決めることです。

アクションプランシートの例

アクション	責任者	期限
高橋産業様訪問のセットアップ	鈴木	5月30日
高橋産業様への説明資料作成	田中主任	6月4日
高橋産業様訪問	山下課長	6月5-7日

たとえば、会議をする目的は、関係者と情報を共有し、問題点を話し合ったうえで、次に起こすアクションについて合意することです。

行動をともなってこそ成果に結びつくわけですから、自分が言いっぱなしにしない／相手にも言いっぱなしにさせないために、具体的に「いつまでに」「誰が」「何をするか」を上のような表にして明記するといいでしょう。

その情報を関係者全員で共有すると、さらに効果的です。それによって、仕事が実際に動き出すと同時に、後で「言った」「言わない」という水かけ論が起きるのを防ぐことができます。

05 ビジネス文書は読まれないのが当たり前

上司に徹底的に鍛えられた文書の書き方

私たちは毎日さまざまなビジネス文書に目を通しています。企画書、会議の案内、会議の議事録、プロジェクトの進捗報告、顧客訪問メモ、トラブル報告など、コミュニケーションの多くは文書を通じて行われています。

ここでは、私がかつて経験したことを例にとって、コミュニケーションの手段のひとつであるビジネス文書を考えてみたいと思います。

私は１９８４年に日本ＩＢＭに新卒入社しました。入社後数年間は、開発製造部門のさまざまな製品企画部とやりとりし、製品企画全体をとりまとめる仕事をしていました。関係者が大勢いたので、仕事を進めるためにはコミュニケーション能力が必須でした。

この時期、ビジネス文書の書き方を上司から徹底的に鍛えられました。メールが今ほど普及していなかったので、会議の案内やプロジェクトの進捗報告などは紙に印刷し、コピーして郵送していました。

ビジネス文書は組織として出すので、上司の名前で書きました。それを用意するのは私の役目でした。外資系企業なので英語で書く場合もあります。

上司名の文書を下書きし、上司に持っていきます。この段階で、何度もダメ出しされました。

「ここは何を言っているか全然わからない」

「この部分は冗長だし、不要だ」

「この英語はおかしい。基本的な文法だ。本当に学校で英語を勉強したのか？」

「この英語はわかりづらい。もっと簡単な言い回しができるはずだ」

一言一句、丁寧に直されました。赤ペンで真っ赤になったドラフト（草稿）を自分の席に持ち帰り、時間をかけて直し、再度持っていきます。また直されました。

「この部分の論理構成がおかしい」

「全体的に何が言いたいかわかりにくい」

「ここ（直したところ）と、ここ（直さなかったところ）の整合性が合わない」

何度やっても赤ペンで真っ赤になったドラフトが戻ってきます。学生時代、文章を書くことにある程度自信はあったのですが、その自信は粉々に打ち砕かれました。

修正指示された部分だけを直してそのまま持っていっても、全体を見直すと論理構成がおかしくなるのは、ある意味当然のことです。

しかし、そのときはよくわかっていませんでした。何度もダメ出しされながらも、おかしいと思ったところを自分なりに考えて修正して持っていくと、やっとＯＫがもらえたり……。最初の１、２年間は、この繰り返しでした。

相手の立場に立って文書を書く

当時の私は、情報を正確に伝えようという考えが強すぎて、こちらの都合でただ必要な情報を盛り込むだけで十分だと考えていました。その文書を読まされる相手の立場に立っていなかったというのは、後から気づいたことです。**文書は相手に読まれて初めて価値を持つ**のです。

それ以降も、私は数多くのビジネス文書を書き、メールを出して、海外を含めてさまざまな人を相手にコミュニケーションをとってきました。相手に正しく情報が伝わり、スムーズに仕事が運ぶこともあれば、同じ文面の文書でもまったく相手には通じておらず、締め切りを過ぎても何のアクションも起こしてもらえなかったこともありました。こういう場合は、個別にフォローしなければならないので、手間がかかります。

こうした経験を重ねるうちに、「実は相手は、本音では、ビジネス文書を読まないで済ませたいと思っているのではないか？」と思うようになりました。

ビジネスパーソンは、今も昔も多忙です。そんな彼らにとって、ビジネス文書やメールを読まなくても仕事が進むのであれば、それに越したことはありません。

多忙な相手に対して、説明がくどくて、ボリュームが多い文書やメールを送っても、読んではもらえません。相手は、毎日何十、何百通もの文書やメールを処理しているのです。

そのような相手にアクションを起こしてもらうためには、短時間で読め、すぐに対応がとれる書き方がベターです。それが相手に対する配慮というものです。

ちなみに、私の場合は、「実は、相手はビジネス文書を読まないで済ませたいのではないか?」ということがハラに落ちてから、上司の修正指示がほとんどなくなりました。

簡潔でシンプルな文章を心がける

「忙しいからできれば読みたくない」と思っている相手に、読んでもらえるビジネス文書とは、どんな文書でしょうか。

ヒントは、自分に置き換えて考えてみることです。自分が受け取ったときに、一瞥《いちべつ》して重要かどうかの見分けがつき、30秒以内に内容が理解でき、その場で「自分が次にとるべきアクション」が判断できるような文書やメールなら、放っておくよりもその場で処理したほうが得策です。そういう簡潔で具体的なメッセージを書きましょう、ということです。

かつて田中角栄元首相の秘書をつとめた早坂茂三氏は、多忙を極める田中首相への報告事項を、必ずB5の紙1枚に、大きな文字で10行以内の文章でまとめたそうです。

簡潔が好ましいのは、ビジネス文書に限らず、メールでも説明資料でも同じことです。

世の中には、「文章は長いほうが、情報量が多いし、相手に親切である」と思っている人がいますが、大きな間違いです。私が英語を勉強していた20代の頃に出合った、今でも大切にしている言葉があります。

――Vigorous writing is concise.（力強い文章は簡潔である）

20世紀前半にウィリアム・ストランクという米国コーネル大学の教授が『The Elements of Style』（邦訳は『英語文章ルールブック』荒竹出版）という本で書いた言葉です。この文自体、「Vigorous writing is concise.」の最高の実例です。

たとえば、以前私がブログに書いた文章を例に、どのように短くできるか見てみましょう。

――この世界では例を見ない知的インフラがあるからこそ、中国等へコモディティ製品の生産シフトが起こっても、高付加価値な製品やコア部品は日本に残っているし、2ちゃんねるのような世界にも例を見ない超巨大匿名メディアが日本でのみ存在し続けているのだ、と思います。（125文字）

意味は伝わりますが、今、読み直すとわれながら冗長で、読みづらく感じます。次の文章では、いかがでしょうか？

この知的インフラのおかげで、コモディティ製品の生産が中国にシフトしても日本に高付加価値製品やコア部品を残せたし、2ちゃんねるのような匿名メディアが日本で生まれたのでしょう。（86文字）

文字数にして30％減ですが、意味もすんなりと理解しやすくなったのではないでしょうか？

文章が長くなるほど、情報伝達力は弱まります。手の込んだ説明でも、丁寧に書かれた文章でも、相手が読んでくれなければ、その文章を書いた時間はムダになります。

忙しいジビネスパーソン相手の文章は、できるだけ短く、簡潔に、一瞬で判断ができるような形にまとめるのが基本です。

本書は、朝シフトのための仕事術を紹介するのが目的なので、文章表現については、これ以上深掘りはしませんが、世の中にはすぐれた指南本がいくつも出ているので、興味がある方は読んでみるといいでしょう。

ふだん、コミュニケーションがうまくいかずに残業を強いられるケースが多い人なら、意識して文章表現をトレーニングするだけで、劇的な効果があるはずです。

Part ❶
朝30分の仕事術

第❺章

朝シフトを続けるための毎日の習慣

01 小さな積み重ねが大きな変化を生む

よい習慣と悪い習慣

よい習慣、というものがあります。

人に何かをしてもらったら必ず「ありがとう」と感謝の気持ちを言葉で伝える。ちょっとムカッとしたことがあっても、すぐには口に出さず、自分のことを振り返る「間」を持つ。どんな状況でもウソや隠しごとはせず、いつもフランクに人と接する。つねに余裕を持って早め早めに行動して、約束の時間に遅刻しない。

このような習慣の積み重ねが、時間をかけてその人らしさを形づくっていきます。

あの人はいつも笑顔を絶やさない。約束は必ず守る信頼できる人だ。そんな他人の評価は、ふだんのあなたの行動にかかっているのです。

一方、悪い習慣、というものもあります。

他人と自分を比較してしまって一喜一憂する。カッとなったら感情を抑えきれずに怒鳴ってしまう。追い込まれた状況になると、謝ることができずにウソでごまかしてしまう。時間管理が甘く、いつも時間ギリギリか、微妙に遅刻してしまう。

こういう態度でいれば、他人はきっとあなたのことを短気で、平気でウソをつく、ルーズな人間だと思うでしょう。自分に自覚がなくても、毎日の積み重ねが、いつしか性格をよくない方向へ変えてしまうかもしれません。

習慣はなかなか変えられない

私は自宅から駅までいつも決まった道を歩いています。

あの道の右側を通って、あそこを右に曲がって、まっすぐ並木道の坂を下って、交差点を通過して、坂を上った先を左に曲がって……というのは、すでに身についたルートなので、無意識に歩いています。

ある日、この通勤路で工事がありました。

いつもの道で工事にぶつかったとき、「明日からこの道には入らず、ちょっと遠回りになるけど、あそこでまっすぐに行くようにしなければ」と思いました。しかし、翌日はすっかり忘れて、いつもの習慣でまた工事に突き当たります。数回これを続けて、やっと習慣が変わりました。

数週間後に工事が終わり、元の近道を歩けるようになりましたが、遠回りが習慣になったので、今度はなかなか元に戻りません。些細なことですが、毎日の習慣を変えるのは、意外とむずかしいことを実感した出来事です。

そうしないと気持ちが落ち着かない

身についた習慣を変えるのはたしかにやっかいです。しかし、**いったんよい習慣を身につけると、わざわざ意識しなくても、自然によい行動がとれるようになります。**そうしないと、かえって気分が落ち着かないくらい習慣化されてしまえば、1年でも5年でも続けられます。

小さな習慣であっても、数年間ずっと続ければ、大きな力を持ちます。5年、10年と続ければ、人生そのものが変わってくるのです。

GMOインターネット社長の熊谷正寿さんは、著書『一冊の手帳で夢は必ずかなう』（かんき出版）で以下のように述べておられます。

夢あるところに行動がある
行動は習慣を作り
習慣は、人格を作り
人格は、運命を作る

習慣の力は侮れません。
生産性と仕事の質を高めてくれる朝シフトも、よりよい人生を創り出してくれるよい習慣です。今日、あるいは今週だけにとどまらず、朝シフトを習慣にできると、自分の人生が大きく変わり始めます。

02 何事も1万時間続ければ本物になる

死に物狂いで1万時間没頭する

よい習慣を身につけることがなぜ重要なのか。別の側面から考えてみましょう。

どんな分野でも、その道を極めようと思えば、長期にわたるトレーニングが必要です。一般に、**その分野で一流と認められるまでには1万時間かかる**といわれています。「1万時間ルール」です。

中谷巌さんと田坂広志さんの共著『若きサムライたちへ』（ＰＨＰ研究所）で、中谷さんは「鉱脈クラブ」という例えを紹介されています。一部引用します。

―

私はよく「一万時間説」ということをいっています。若い時代には何か一つこうことをやってみたいと思ったら、禁欲的に一万時間それに没頭しろという主張です。ああでもないこうでもないとあちこちに手をつけるのではなく、一つのことに一万時間死に物狂いで没頭してみれば、かならずその道でひとかどの人物になることができるという考えです。一万時間の努力によって得られたものがその人間の強みとなるのです。（中略）
一つのことを深く掘り下げて、ある鉱脈に突き当たることを、私は「鉱脈クラブに入る」と表現しています。いわば、深い知識と経験に裏打ちされた、相通じるものをもった人々の世界に入っていけるのです。やはり鉱脈クラブに入らないと、深いものは見えてきません。この鉱脈クラブに入っているか、そうでないかということは、不思議なことに世間の人々はすぐに察知します。そして鉱脈クラブに入ると、人々は自然に高い評価を与えてくれるのです。

マルコム・グラッドウェル著、勝間和代訳の『天才！成功する人々の法則』（講談社）でも、モーツァルト、ビル・ゲイツなど、過去に成功したさまざまな経営者や偉人を検証したうえで、ある分野で飛び抜けた才能を発揮するためのマジックナンバーとして、1万時間の投資が必要であるとしています。

5年間で一流になる人とならない人

1年365日、毎日1時間それを続けたとすると、27年と数カ月間で1万時間に達します。毎日2時間で14年間弱、毎日3時間なら約9年間です。

これが本業なら、1日8時間の就業時間をすべてそこに充てられたとして、平日250日間の合計が1年で2000時間。これを5年間集中して続ければ、その分野のプロになれるというわけです。

5年間ひとつのことを必死にやり抜けば、たいがいのことは経験できます。その道の第一人者となって巣立っていったビジネスパーソンも多いでしょう。

その一方で、5年以上、人によっては数十年も同じ仕事をしているにも関わらず、お世辞にもプロとは呼べない人が多いのもまた事実です。

その違いはどこからくるのでしょう。それは1万時間の使い方の問題です。他人から抜きん出た存在になるには、何となくの1万時間を過ごすだけではダメで、「死に物狂いで没頭」することが必要なのです。

私たちはともすると受け身の姿勢で仕事をしがちです。しかし、受動的で単調な仕事にどれだけ時間を費やしても、プロと呼べる存在にはなりません。

田坂広志さんは著書『成長し続けるための77の言葉』（ＰＨＰ研究所）の中で、次のように語っておられます。

（前略）世の中には、豊かな「経験」は積んでいるけれども、あまり豊かな「智恵」を身につけていないと感じられる人物がいるからです。

（中略）

では、なぜ、こうした不思議なことが起こるのか。

（中略）

せっかくの「豊かな経験」を「深い体験」にしていないからです。すなわち、一つの「経験」をしたとき、その「経験」から学べる「智恵」をしっかりと学ぶことによって、「経験」を「体験」に深めていないからです。

先ほどのグラッドウェルも、「失敗から学ぶことが大切」と述べたうえで、失敗から学べる人の特性として、立ち直りが早く、謙虚であり、失敗について分析する力があることを挙げています。

仮説を立てて、実際にやってみて、うまくいかなかった場合はなぜかを考え、再度やってみる。そのような試行錯誤を繰り返す1万時間を持つことが必要なのです。単に1万時間投資すれば、誰でも第一人者になれるという話ではないのです。

でも、朝シフトによって自分だけの時間を生み出し、それを仕事に集中投資すれば、本業での実力をより短期間で向上させることができるでしょう。

一方、その時間をライフワークに充てれば、10年近くで、「その道のプロ」と呼べるジャンルが、本業以外にもうひとつ確立されます。これもまた、朝シフトの楽しみのひとつです。

03

PDCAサイクルで失敗を成長の糧に

計画し、やってみて、結果を検証し、次のアクションにつなげる

朝シフトによって実現した1万時間の「経験」を「体験」にまで深めるためにはどうすればいいのでしょうか。

そのヒントは、仮説検証を実践するためのPDCAサイクルにあります。

PDCAとは、計画し（Plan）、やってみて（Do）、結果を検証し（Check）、次のアクションにつなげる（Action）という一連のサイクルのことです。PDCAサイクルを回し続けることによって、前回よりも今回、今回よりも次回のアクションが洗練され、よりよい行動を生み出すことが期待されています。

口で言うのは簡単ですが、**PDCAを回し続けるのは骨が折れます**。特に問題なの

がCのチェックの部分です。

みなさんもふだんの自分を振り返ってみると、いったん終えた仕事を後から検証するという作業は、なかなかできないと実感する方も多いのではないでしょうか？　次から次へと新しい仕事が押し寄せる現場にあって、すでに自分が手離れした仕事のことを考える余裕などない、というのが一般的だと思います。

たとえば、最初の計画（P）にもともとムリがあった場合、いくら頑張っても（D）、納期に間に合わなかったり、ニーズに合わないアウトプットしか出せないかもしれません。あるいは、計画（P）は正しくても、実行段階（D）でさまざまな障害が発生し、計画どおりにいかないこともあるでしょう。

うまくいかなかったときに、なぜうまくいかなかったかを検証し（C）、ミスを防ぐ対策を立てておかなければ（A）、きっとまた同じミスを繰り返してしまうでしょう。**毎回PとDだけやってCをやらない人は、反省する機会がないので、何度やっても上達しない**のです。

あらかじめ計画（P）を立てることすらなく、目の前の仕事をただひたすらこなしている（D）人もいます。そういう人は成り行きで仕事をしているので、生産性や仕

PDCAサイクル

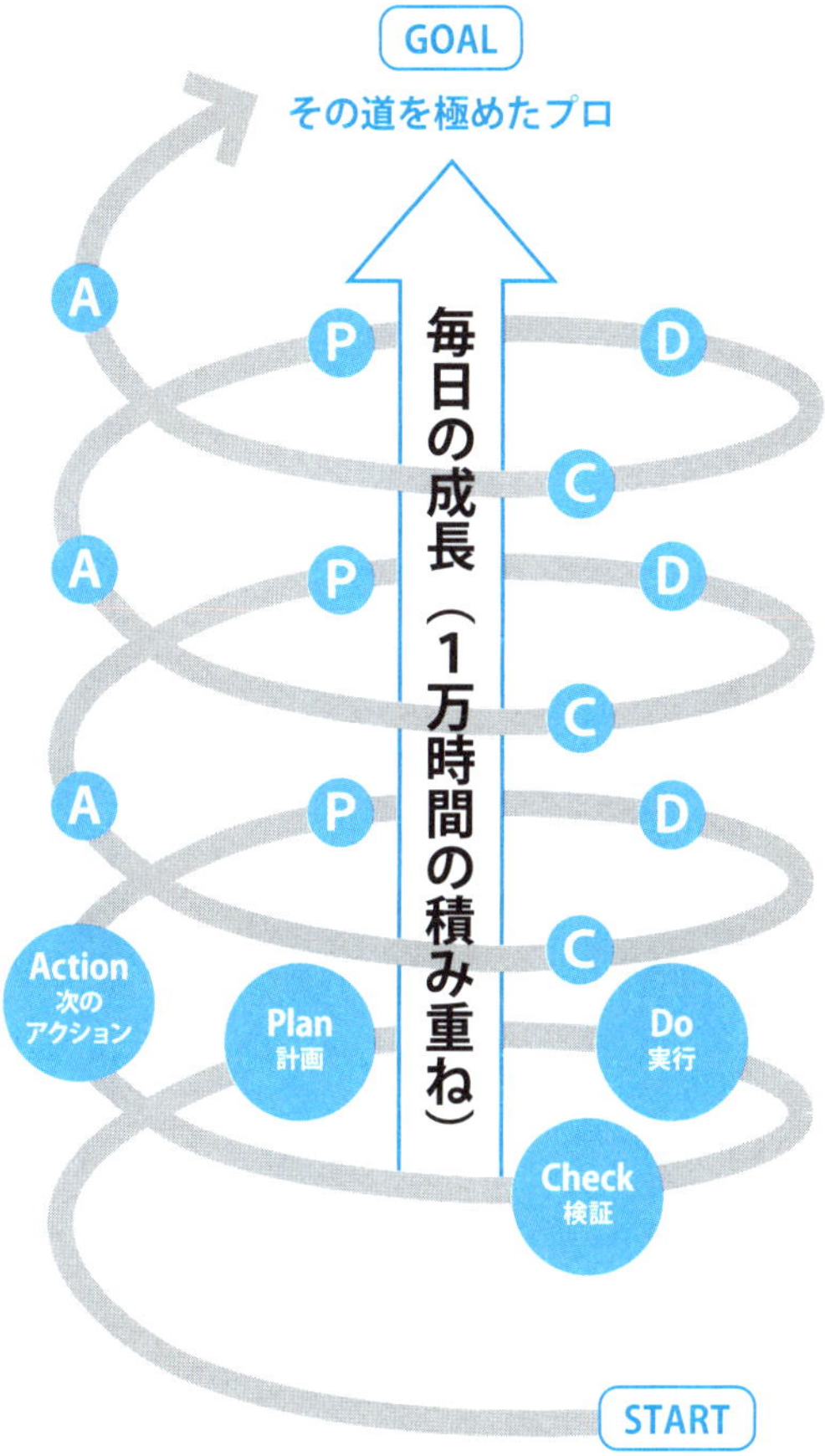
GOAL
その道を極めたプロ
毎日の成長（1万時間の積み重ね）
A
P
D
C
A
P
D
C
A
P
D
C
Action
次のアクション
Plan
計画
Do
実行
Check
検証
START

事の質が低いだけでなく、学びを得ることができません。本人は忙しくしているつもりでも、1万時間同じ仕事をし続けたとしても、大きく成長することはできないでしょう。

PDCAを回すことで、これらの「経験」を「体験」として深め、学びとして次に生かせます。

続けることに意味がある

ベンチャーキャピタリストの辻俊彦さんは、著書『愚直に積め!』(東洋経済新報社)で、次のように述べています。

・悪いことは構造的な要因に基づく出来事、良いことは偶然の出来事、であるのが、通常である。しかし人間は逆に考えたがる。

・成功は失敗であり、失敗は成功である。成功に安住してしまったら成長はない。失敗を経てこそ、成功のステージはレベルアップする。失敗に直面した時にやめない限り、次の成功が訪れる。確固たる信念を持ち続けることが、成功の機会を育み続ける。

自分の経験から学び、仕事の質を高めていくには、失敗から学び、愚直にPDCAを回していくのが王道です。毎回の学びはごくわずかであっても、サボらずにずっと続けていれば、やがて大きな飛躍につながります。千里の道も一歩から。一歩一歩の歩みは小さくとも、休まずに前進し続けることが何より重要なのです。そうやって1万時間も進み続ければ、その先に必ず大輪の花が咲きます。

自分が犯したミスを認めたくない。失敗なんて、できれば忘れてしまいたい。そう思うのは人間の弱さです。しかし、**失敗は学びの宝庫**です。そこには成長のためのヒントがたくさん詰まっています。

失敗から学ぶ習慣を身につけることが、自分の成長につながるのです。

04

完璧な計画よりも動きながら修正する

完璧すぎる計画はたいてい失敗する

「ＰＤＣＡを回す」というと、私たちはともするとこんなパターンに陥りがちです。

市場状況、競合状況、お客様状況などを時間をかけて分析・把握する。
↓緻密な戦略・戦術を組み立てる。
↓関係者と事前に十分な根回しを行う（ここまでがPlan）。
↓ようやく実行する（Do）が、計画に柔軟性がないため、うまくいかない。
↓うまくいかなかったときの原因追究が甘い（Check）。
↓原因を特定しても、次の計画になかなか反映できない（Action）。

つまり、**PDCAの計画（P）の段階に時間をかけすぎて、実行（D）がどうしても遅くなってしまう**のです。しかも、**計画が緻密すぎて遊びがない分、ちょっとした変化にも臨機応変に対応できないケースも少なくありません。**

市場の変化が急で、経営にもスピードが求められる時代に、こうしたやり方がふさわしくないのは、みなさんにもわかるはずです。

計画は大雑把、しかし微調整を繰り返して精度を上げていく

一方で、米国人とプロジェクトを進めた経験のある人は、彼らの計画があまりにも大雑把で、当惑した人も多いのではないでしょうか。外資系企業勤務が長い私も、最初は違いに戸惑いました。

米国人のプロジェクトの進め方は、こんな感じです。

おおよその方向性を合わせて（P）、とりあえずすぐに始める（D）。

↓進捗状況のチェックポイントの日程をあらかじめ決めておき、そこで適宜方向修

正する（C→A）。

この段階では、必ずしも詳細な資料は求められず口頭説明でOKの場合が多い。詳細な資料を持っていくと、「日本人はマメだ！」と驚かれる。

→途中でゴール設定そのものが修正されることもある（A）。

つまり、先々のことは細かく決めず、プロジェクトを始めてみる。走りながら、不具合があればそのつど修正を加えるというスタイルです。

こんな感じで進めていくので、プロジェクト責任者に半年後のプランを聞いても、非常に大まかな方向性しか答えられないことがほとんどです。聞いているこちらが心配になって、「こういうことが起こった場合、どうするのか？」「こうなった場合のシナリオは？」と尋ねても、「グッド・クエスチョンだね。でも決まっていないんだ。いい視点だから、ぜひ検討してみよう。ありがとう」という回答が返ってきて、すぐに検討に入る。そういう柔軟性があります。

四の五の言わずに始めてみる。問題があったら、そのつど対処する。そうやって動き続けていると、いつの間にかプロジェクトがちゃんとした形になってきます。さまざまな人たちの意見や経験が反映され、成果を出せるようになってくるのです。

米国人のスタイルは、**PDCAを高速で回転させる**ことを前提にしています。そのほうが物事をスピーディに運べるし、何か問題があったときも柔軟に対処できます。

このように比較してみると、米国スタイルのほうが、現代にふさわしいスピード感を備えているようです。

ざっとつくった計画を即実行

なぜ米国がこのようなスタイルをとるようになったのか、同僚の米国人に聞く機会がありました。

米国がこのようなスタイルになったのは第二次大戦後だそうです。詳細な戦術計画を持つ部隊よりも、大まかでも柔軟性を持つ戦術計画を持つ部隊のほうが、高い勝率であることがわかり、これをきっかけに「大雑把な計画策定、迅速な実行、結果を見て柔軟な修正」という考え方が広まったということです。

第二次大戦における欧州の戦いで、米国陸軍で活躍したパットン将軍は、次のように述べています。

A good plan implemented today is better than a perfect plan implemented tomorrow.（今日実行するよい計画は、明日実行する完璧な計画に勝る）

田坂広志さんも、著書『まず、戦略思考を変えよ』（ダイヤモンド社）の中で、「『山登り』の戦略思考を捨て、『波乗り』の戦略思考を身につけよ」と述べています。

現代の市場では「地形」そのものが刻々と変わり、目標となっていた「山」が突然「谷」になり、「谷」が突然新しい目標となる「山」になってしまいます。「波乗り」の比喩で述べると「波乗りで向かうべき方向を定め」「乗っている波の刻々の変化を感じ取り」「波の変化に合わせて瞬時に体勢を変化させ」「波と一体になって目指すべき方向に向かって行く」戦略思考のスタイルが求められる、ということです。

1週間もかけて完璧な計画を練るよりも、1日で大雑把な計画をつくり、早めに関係者と共有して即実行、その結果から学んだほうが、よい結果を出せることが多いのです。それを可能にするのが、ＰＤＣＡサイクルの高速回転なのです。

05 「すべての責任は自分にある」と考えてみる

しょっちゅう遅刻するのは誰のせい？

「何で遅刻したのですか？」

「いやぁ、電車が遅れちゃったんですよ」

オフィスでよくある会話です。

「電車が遅れた」と言って遅刻する人は、なぜか遅刻する回数が多いように思います。電車が遅れたことが直接の原因でしょうが、実はもっと深いところに、しょっちゅう遅刻をする原因が隠れているのかもしれません。

毎日通勤しているとわかりますが、実は、電車の遅延は思いのほか頻繁に発生しています。そうした中でも、遅刻せず、時間を守れる人は、電車が遅れるかもしれないことを見越して、余裕を持って出かけているのです。あらかじめリスク（電車は頻繁に遅れる）がわかっている場合、それを回避するように行動を組み立てるのが、ビジネスの常識です。

よく遅刻をする人は、いつも時間ギリギリに出かけているのでしょう。その結果、頻繁に遅刻をしているのだとしたら、**遅れたのは電車のせいではなく、自分自身のせいです。**「すみません、電車が遅れちゃって」という言い訳も、何度も続けば、自分自身の信用問題につながります。

電車が遅れて、出社時間に間に合わないだけならまだしも（それもほめられたことではありませんが）、相手との約束の時間にもしょっちゅう遅れているとしたら、その分、相手の貴重な時間をムダにしていることになります。これは、ビジネスパーソンとしておおいに問題です。

自分自身の問題として受け止めてみる

発生した問題の原因を他人や別のことに求めているかぎり、きっとまた同じ問題が発生するでしょう。

「他人のせい」というのは、「自分の責任ではない」ということの裏返しです。自分ではコントロールできないことが原因なら、「改善策を考えるのはムダ」になってしまいます。しかし、それでは本当に何も改善されないのです。

一見、自分とは関係ないように見える問題も、いったん「自分自身の問題」として受け取ってみると、意外と解決策は見つかるものです。そうして見つけた解決策は、まさに「自分がコントロールできる解決策」ですから、再発防止に役立てることができるはずです。

「電車が遅れる」ことは自分にはどうしようもありませんが、しょっちゅう遅れるなら、「自分が早めに行動する」ことで、その遅れを回避できるはずです。それが「自分自身の問題として受け取る」ことの意味です。

私自身は、他者に責任転嫁するよりも、自分で考えて解決するほうがずっと楽しいし、達成感があると思っています。

「すべての責任は自分にある」と考える習慣を身につけると新しい発見があります。それはきっと、新しい自分の可能性を引き出してくれるはずです。

06 休むことも大切な仕事

頑張りすぎは病気の原因に

ここ一番の勝負どころで頑張れるビジネスパーソンは強いと思います。しかし、勝負どころは毎日来るわけではありません。むしろ、日々の頑張りで蓄積された疲労をとってリフレッシュし、体調をベストの状態に維持することも、長期的に見てとても重要です。

2010年11月6日のNikkeiプラス1の記事「疲れは身体の危険信号」は、ビジネスパーソンの大きな課題である、疲れの管理を考えるうえで、とても参考になります。

体にはストレスに抵抗する機能が備わっており、体が疲れていても、仕事にやりがいがあったり、責任感が強かったりすると、疲れは吹き飛び、疲労感はない。つまり、周囲の人間から見て、明らかに疲れていても、本人には自覚症状がない場合がある。

「ここ一番」というとき、このように少々ムリをしてでも仕事をしなければいけない正念場は、たしかにあります。スケジュールが非常にタイトな中で、土日もなく仕事をしていると、あるタイミングから仕事を次々とこなせるように感じるときがあります。しかし、それはあくまで例外と考えるべきです。

同記事では、「疲れていない」と回答した人たちのうち、交感神経と副交感神経のバランスが崩れていたり、睡眠障害になっている人がよく見られることを指摘したうえで、次のように解説しています。

「こうした疲労感なき疲労を隠れ疲労とも呼ぶ。体力的に余力がある20代なら深刻に考えなくてもよいが、35歳以降だとうつ病のリスク要因にもなる。気づかず

に疲れがどんどんたまると、最悪のケース、突然死も招きかねない」
「疲労は体を守るメカニズム。一時的な疲れなら休むと回復する。病的な疲れになる前に、体がどの段階にあるのか知るのはとても大事」

私も忙しい状態が続くと、「この調子でいくらでも仕事がこなせる」とスイッチが入る瞬間があります。しかし、この状態がある程度続くと、後で必ず反動があり、かなり大きな疲労が蓄積していることに気づきます。いったんそうなると、仕事の生産性が大きく低下しますし、体調も悪化します。

疲れが限度を超える前にブレーキを踏む習慣を

継続的によい仕事をしていくためには、「この調子でいくらでも仕事がこなせる」とスイッチが入ってしまう前に、もし可能ならアクセルを緩める習慣をつけることです。自分を追い込みすぎないように、余裕を持って仕事のスケジュールを組み立てておくのです。

いったん疲れが限界を超してしまうと、精神面・身体面に悪影響が出て、本人も辛いですし、一緒に仕事をしている人たちにも迷惑がかかります。

だからこそ、疲労のメカニズムを理解し、自分の疲労状態を察知し、適切な対応が必要です。

同記事では、疲労をとるためのヒントも書かれていました。いわく、「早めに休息をとる」。これに尽きるそうです。そのためには、睡眠が最も効果的で、仕事の不満は溜めず、愚痴をこぼしたり文句を言うのもよいそうです。

第2章でも述べたように、脳は寝ている間も潜在意識で仕事をしています。しっかり仕事をし、休むべきときは安心してしっかり休み、つねにいい仕事をしたいものです。

たまにはゆっくり起きることも必要

早朝出勤しようとすると十分な睡眠時間が確保できない日があります。

私にも経験があります。前日3時間しか寝ていない状態で、やむを得ない事情があって早朝出社しましたが、集中力が続かずいったんダウン。会議室で仮眠をとりましたが、それでも疲れがとれず、結局その日は仕事がはかどらず、成果が上がらないままで終わりました。

世の中には、睡眠時間が短くても元気で、2日連続で徹夜しても普通に仕事をこなしている人もいます。しかし私の場合、睡眠時間が4時間を切ると、経験的に翌日の生産性が急激に落ちます。

どうしても十分な睡眠時間を確保できない場合、朝の予定が入っていなければ、あえて早朝出勤しないのも選択肢のひとつです。十分に睡眠がとれない状態で早朝に出勤しても、朝の仕事の生産性は上がりません。むしろ睡魔に襲われることで、生産性は極端に下がります。

朝シフトは「目的」ではなく、あくまで「仕事の生産性と品質を上げて、プライベートとライフワークの両立を実現する」という目的を達成するための「手段」です。体調管理を犠牲にしていては、この目的を実現できません。何が何でも早起きをすればよいわけではないのです。

私も、睡眠不足が続き疲労が蓄積した場合は、朝の予定がなければギリギリの時間まで寝ていて体力回復に努めて、いったん体調をリセットするようにしています。体調をリセットできれば、翌日からまた快適な朝シフトに復帰できるのですから。

Part ❷
朝時間で広がる ライフワークと仲間たち

第❶章
朝シフトで 豊かな人生を送る

01 仕事だけが人生ではない！

死の床で振り返るのは家族のこと、自分のこと

人生で大切なことは、人によって違います。仕事、ライフワーク、家族との時間、仲間……。どれを大切に思うかは、その人の価値観です。

ビジネスパーソンにとって、仕事はとても大切なものです。しかし、私たちがよき人生を全うするには、質の高い仕事を行うだけでなく、仕事以外で自分が大切にしているものにどれだけ時間を費やせるかにかかっているのかもしれません。

本書を書いた理由のひとつも、多くの方に、仕事だけでなく、より充実した人生を送るために朝時間をうまく活用してほしいと願っているからです。

私はこれまで、さまざまなことに挑戦してきました。

20代の頃は、写真がライフワークでした。しかし、平日の仕事、週末の写真以外には、何もできませんでした。朝シフトする前は、平日の最優先はつねに仕事。家族も大切でしたし、やりたいこともたくさんありましたが、それは後回しにせざるを得なかったのです。

朝シフトしてからは、時間に余裕が生まれました。その結果、勤務時間こそ仕事に集中していますが、1日全体で見ると、仕事も、プライベートも、ライフワークも、同じ優先順位で考えられるようになりました。**私にとっては、仕事も、ライフワークも、プライベートも、家族も、かけがえのないものです。**

人生の最後の日は、30年後にやってくるかもしれないし、半年後か、3日後かもしれません。しかし誰にでもその日は必ず訪れます。だから今日が最後でも笑顔で「自分らしい、最高の人生だった」と言える、充実した人生を送りたいといつも思っています。

そこで、パート2では仕事から離れて、朝シフトによってライフワークを広げていくための考え方をご紹介します。

02 年間ポートフォリオを考える

1年単位でポートフォリオを組む

パート1では、1日24時間を効率よく活用するために、時間帯ごとに最適な仕事を配分する「時間ポートフォリオ」の考え方を紹介しました。

同じポートフォリオの考え方は、ライフワークにも応用できます。ただし、時間のスケールは、1日24時間の単位から、1年8760時間に広がります。「年間ポートフォリオ」というわけです。

まず、1年間を仕事する日と休日に分けて考えてみましょう。

1年は52週ですので、土日合わせて104日。祝日は15日ですが、祝日が土曜日で振替休日にならない日が仮に2日あるとすると、年間の休日は117日です。

また、労働基準法では、6・5年以上勤務した労働者に20日の有給休暇を付与するように定めています。これをすべて取得すると、年間の休日は137日になります。よって、年間の勤務日は228日（＝365日－137日）です。

この228日間の勤務日の時間の内訳を、次のように仮定してみましょう。

・会社での業務時間　9時間
・朝の自由時間　1時間
・往復の通勤時間　3時間
・睡眠時間　6時間
・食事、風呂など　2時間
・家族と過ごす時間　2時間
・その他の時間　1時間
（合計24時間）

また、年間137日間ある休暇の時間の内訳を、次のように仮定します。

・睡眠時間　ちょっと多めに8時間
・食事、風呂など　ちょっと多めに3時間
・家族と過ごす時間　ちょっと多めに4時間
・その他の時間　9時間
（合計24時間）

このように考えると、1年8760時間は次のように分けることができます（次ページの図を参照してください）。

1年8760時間を使途ごとに配分する

まず「会社での業務時間」の合計は1年間で2052時間です。この時間は、パート1で紹介した仕事術を駆使して、生産性をアップし、質を高めていきましょう。

「家族と過ごす時間」は1004時間。これは大切なプライベートの時間です。

食事・風呂や、睡眠時間など、生きるために必要な時間は、合わせて3331時間。

この中には、家族とテーブルを囲んで食べる平日の夕食や休日の食事の時間も含まれますので、家族と過ごす時間は実質的には1004時間よりも大きくなります。

年間ポートフォリオの例

	内容	時間（1日）	日数	時間（年間）
勤務日	会社での業務時間	9	228	2,052
	睡眠時間	6	228	1,368
	生理現象（食事、風呂など）	2	228	456
	家族と過ごす時間	2	228	456
	朝の自由時間	1	228	228
	往復の通勤時間	3	228	684
	その他の時間	1	228	228
休暇	睡眠時間	8	137	1,096
	生理現象（食事、風呂など）	3	137	411
	家族と過ごす時間	4	137	548
	その他の時間	9	137	1,233

業務時間 2,052時間

必須時間 3,331時間

家族との時間 1,004時間

ライフワーク時間 2,373時間

以上を除いた残りは、「朝の自由時間」と「往復の通勤時間」と「その他の時間」の合計で、2373時間。この数字は、「会社での業務時間」よりも大きなかたまりです。**朝シフトによってそれだけ大きな時間を生み出し、それをライフワークやプライベートに活用することができる**のです。

ただ、ひとつ注意しておかなければいけないのは、この2373時間はまとまった時間ではなく、細切れ時間の合計だということです。そこで、この時間を活用してライフワークを充実させるためには、さまざまな工夫が必要です。

03 朝シフトで広がるライフワーク

朝シフトでできた時間をライフワークに充てる

私のライフワークは、大きく分けて「写真」「ブログ」「本の執筆」「合唱団」です。

写真については、20代後半まではプロの写真家を本気で目指していましたし、雑誌にもとりあげられたり、写真展の個展を銀座や渋谷などで6回開催したりして、個人的にはとても思い入れがあるものです。しかし写真展は2003年以降お休み中で、朝シフトとは直接関係はないので、今回は割愛します。

ここでは朝シフトで広がったライフワークとして、「ブログ」「本の執筆」「合唱団」をとりあげます。

通勤電車の中で毎日ブログを書く

私はアイティメディアのオルタナティブ・ブログに「永井孝尚のMM21」というタイトルのブログを書いています（http://blogs.itmedia.co.jp/mm21/）。オルタナティブ・ブログは、IT業界を中心とした経営者やビジネスパーソン約250名（2011年6月時点）が参加しているブログコミュニティです。人気ブロガーが多いこともあって、多くの方々がアクセスして記事を読んでくださっています。

私はここに「マーケティング」「ビジネススキル」「ライフワーク」「グローバルと日本」というテーマで、毎日ブログをアップしています。

私がブログを毎日書く理由は、「日本のビジネスパーソンは、もっと積極的に社外に情報発信すべきである」と考えているためです。

日本のビジネスパーソンの多くは、インサイダーの存在です。

仕事の場も一緒に仕事をする人たちも基本的に社内です。情報も社内で流通しています。終身雇用制の名残があり、労働市場の流動性が低いことや、今までは企業活動が企業内で閉じた形になっていたこともあって、個人が情報発信する必要性はありませんでした。

一方で、日本のホワイトカラーの生産性が先進国中で低いことを示すさまざまな調査データがあります。組織的な問題もさることながら、今までビジネスパーソンが個人の競争力をつけてこなかった結果なのかもしれません。

「自分の考え方を情報発信する」とは、「批判を受け入れる覚悟を持つ」ということです。そして、実際に「批判を受け入れる」ことで、成長につなげられます。

自分の考えを持っていても、その考えを出したがらないビジネスパーソンがとても多いように感じます。しかし、自分の考えを表明しないと、その成長のチャンスを逃していることになるのです。

私たちビジネスパーソン一人ひとりが、実名で、責任を持って情報を発信し、自分たちが仕事を通じて得た経験や知見をもっと社会全体で共有することで、日本は必ずいい方向へ変わっていくと思います。

私がビジネスブログを始めたのは2006年です。社員がブログを書くことについて、明確に規定していない会社も多いのですが、幸い、私の勤務先である日本ＩＢＭは社員にブログを書くことを推奨しています。

2006年の初めからオルタナティブ・ブログに参加、途中ブランクがありましたが、毎日ブログを書き続け、２０１１年6月までに合計１４００件の記事を書いています。

幸い、行き帰りともに電車で座れるので、ブログは主に電車の中で書いています。

本書を含めて4冊の本を執筆

本の執筆もブログ同様、「日本のビジネスパーソンは、もっと積極的に社外に情報発信すべきである」という私の考えの延長線上にあります。ビジネスパーソンが書く文章はプロの書き手にはかなわないかもしれませんが、現場で社会の現実と闘っているビジネスパーソンだからこそ書ける世界もあると思っています。

私はこれまで3冊の本を出版してきました。

『戦略プロフェッショナルの心得』（２００８年、オルタナティブ新書）
『朝のカフェで鍛える実戦的マーケティング力』（２００９年、秀和システム）
『バリュープロポジション戦略50の作法』（２０１１年、オルタナティブ出版）

本書『残業3時間を朝30分で片づける仕事術』も、このような執筆活動を続けている中で、中経出版さんからお話をいただいて実現したものです。

私は、勤務先の業務がありますので、平日の昼間は執筆できません。そこで執筆時間は、主に週末と休日、それに仕事がピークではない時期の朝時間を使うことになります。

合唱団の運営責任者も担当

私は、混声合唱団「コール・リバティスト」で、ベースパートのメンバーとして練習に参加し、演奏会にも出演する一方で、合唱団の運営責任者をつとめています。

この合唱団を始めたのは2005年の夏のこと。団員数名と一緒に立ち上げ、現在、団員は数十名になっています。設立以来、浜離宮朝日ホールや紀尾井ホールといった東京都内の著名ホールで定期演奏会を毎年開催しています。

主な練習は毎週土曜日の午後と夜間。演奏会直前の1、2カ月は、日曜日や祝日も追加練習があります。合唱団の運営にはとても手間と時間がかかりますし、練習は楽しい反面なかなか厳しいのですが、仲間と一体となってハーモニーを創り上げていく喜びは何物にも代え難いものがあります。定期演奏会を成功させ、打ち上げで団員一同喜びを分かち合う。みんなの充実した表情を眺めていると、ふだんの苦労などすべて吹き飛んでしまいます。

この合唱団の団員は、インターネットの募集広告を見て、各自の判断で入団し、各自の意志で合唱団の活動を行っています。このような自発的なメンバーで構成されたチームは、会社組織とはまったく違った性格を持っています。利益集団である会社組織ではなかなか学ぶことができないマネジメントの奥深さも学べる貴重な機会となっています。

合唱団の運営には、「合唱団ホームページの運営」「団員のコミュニケーションをサポートするインフラの整備（メーリングリスト、団員専用ホームページ）」「団員の募集広告」「予算案の作成」「定期演奏会の企画・実施・広告・予算管理全般」などの作業があります。週末にまとめて行っていますが、一部は平日の夜も使っています。

04 細切れ時間をライフワークの充実に充てる

往復の通勤電車が書斎代わり

朝シフトすることで、年間684時間の通勤時間を、有効活用することができるようになります。

朝の通勤ラッシュを避けられます。私の場合、会社まで50分間は必ず座れるので、電車が書斎代わりになるのです。この時間は、主に頭の活性化の準備運動として、新聞や本を読んで情報インプットを行っています。座っているので、パソコンを広げてブログを書いたり、資料を作成したりといった作業も行えます。

オフィスから退社するのは午後5時から6時です。この時間帯はある意味でクールダウン。電車は早朝ほどすいてはいませんが、ほとんど座れます。しかしながら、昼間の業務で頭が疲労しているので、受動的な情報インプットを行うと、ともすると眠くなることも。そこで能動的な作業として主にブログを書いています。

これが、混雑した電車に立ったまま乗車した場合だとどうでしょうか。

当然パソコンでの作業はできませんし、混雑をしていると、情報のインプットにも集中できません。特に私が乗っている東急田園都市線は、ピーク時には新聞も読めないほど混雑します。朝シフトによる早朝出勤は、通勤時間を活用するためにも欠かせないのです。

朝のカフェがライフワークの基地になる

会社には朝7時過ぎに到着します。仕事が山場を迎えているときは、そのまますぐに仕事に入ります。しかし、仕事の山場が過ぎて、朝8時から仕事を始めても間に合うというときは、会社のオフィスビルの1階にあるカフェに入って、ライフワークのための時間として活用しています。

コーヒーを飲み、頭をリフレッシュさせてから、1時間ほど腰を落ち着けられるので、本の企画を考えたり、原稿を執筆したり、見直したりしています。1時間といっても、朝の生産性は6倍なので、この時間は執筆活動を続けるうえで、非常に貴重な時間となっています。

仕事のない週末で充実した人生を

朝シフトによって、平日の生産性がアップし、質の高い仕事がこなせるようになると、仕事を休日に持ち越すことがほとんどなくなります。その結果、休日に年間１２３３時間の自由時間を確保できるようになります。このまとまった時間をうまく活用すれば、ライフワークをさらに充実させることができます。

私の場合、週末のうち土曜日の午後と夜は合唱団の練習に使っています。日曜日の朝はゆっくり休んで疲れをとり、午後は本の執筆をしたり、合唱団の運営関連の仕事に使っています。

このように朝シフトを戦略的に活用することで、より充実した人生を実現できます。

Part ❷
朝時間で広がるライフワークと仲間たち

第❷章
朝の勉強会で仲間を増やす

01 日本一朝が早い「朝カフェ次世代研究会」

遅刻厳禁！　早朝6時半にスタートする勉強会

先ほど私の事例を紹介したように、朝シフトによって個人のライフワークは充実します。しかし、朝シフトの効能はそれだけではありません。早朝の活動をする仲間を増やすこともあるのです。

私は2010年4月から「朝カフェ次世代研究会」という勉強会を主宰し、多くの仲間を得ることができました。

「朝カフェ次世代研究会」は、毎月第2、第4水曜日に、おそらく日本で一番早い朝6時半から始めている早朝勉強会です。東京メトロ半蔵門駅近くの株式会社いいじゃんネット様のオフィスで行っています。

誰でも無料で参加できる勉強会で、募集後数日ですぐに定員30名（2011年6月現在）が満席になります。当日の参加率はつねに95％程度。参加条件として遅刻禁止を掲げていることもあり、朝6時半に都内のオフィスに30人近くが勢揃いしている姿を見るのは、なかなか壮観です。

テーマは主にマーケティングや経営関連中心で、講師は勉強会に参加しているメンバー（経営者、会社員など）が持ち回りで担当しています。どれも質が高い講演で、顧客満足度評価もつねに高い結果になっています。

「早起きする人は、いい人が多い。だからそんな人たちと勉強会をやってみると、面白いかもしれない」という思いで始めた会です。

超早朝に開催し、遅刻禁止という厳しい参加条件を設定していることで、無料参加にも関わらず、メンバーのモラルの高さと講演の質の高さを両立できている点が、「朝カフェ次世代研究会」最大の特徴です。

ここでは、「朝カフェ次世代研究会」がどのように生まれて発展してきたのか、その経緯をご紹介したいと思います。

02

「朝カフェ次世代研究会」はこうして始まった

ブロガー仲間で早起き自慢、始まる

先ほど触れたように、私は2006年からアイティメディアのオルタナティブ・ブログでブログを書いています。このコミュニティでは、毎月ブロガー同士で集まって意見交換や懇親会を行っています。

会社の立場を超えたコミュニティで、上下関係はなく、横のつながりも強く、かけがえのない多くの社外の友人を得ることができました。

あるとき、私が始発通勤の効能をブログに書いたところ、ツイッターで始発通勤するブロガー同士で早起き自慢が始まったり、オルタナティブ・ブログにも早起き自慢コーナーができたりして、同じ始発通勤を長年行っているブロガー仲間同士で話が盛り上がりました。

「朝カフェ次世代研究会」の企画、立ち上がる

そこで、このように朝早くから活動する人が多いなら、始業時間の前に集まって「早朝勉強会」をやれば面白いのではないか、と考えました。

朝シフトの効能を実感していたので、その成果を多くのビジネスパーソンとも分かち合いたいとの思いもありました。どうせ実施するなら日本一早い勉強会にしたいと思い、始発電車での参加前提で6時半スタートで考えました。

一方で、課題もいろいろありました。最大の問題は場所の確保でした。そこまで朝が早いと、勉強会を開けるようなスペースがなかなか見つからなかったのです。

そこで、早朝勉強会のアイデアとその時点での課題をブログに書きました。すると、早起き仲間のブロガーで、いいじゃんネット社長の坂本史郎さんから「ウチのオフィスを使ってもいいですよ」との申し出がありました。ちなみに、コラムにもご登場いただいた坂本さんは始発通勤、6時出社を数年間継続している強者です。

場所の問題も解決し、早起きブロガー仲間同士で企画が進んでいきました。

「朝カフェ次世代研究会」始まる

ネットコミュニティでの企画はものすごいスピードで実現に向けて動き出します。企画案と具体策を完成させ、インフラを構築し、数日後には勉強会の告知にこぎつけました。募集開始後、わずか1日半で定員は満席になりました。

２０１０年４月14日、第１回目の勉強会を開催しました。

結果は出席率94％で遅刻ゼロ。始発電車に乗れば必ず参加できるこの会では、「仕事で遅れてしまった」という言い訳は通用しません。自分へのコミットメントがすべてです。参加する人たちのモラルがとても高いことを実感しました。

講演の様子はUstreamでも動画配信しました。こちらでも十数名が参加しました。一番遠い参加者は海外では米国シアトルから、国内では新潟からでした。

ツイッターでも参加者が講演の様子を中継しました。こちらにも多くのコメントがリアルタイムでつけられました。ほとんどが出勤途中のビジネスパーソンです。インターネットのインフラがこの１、２年で急速に発展したからこそ、個人でも可能になったのです。

勉強会の終了後、10分間で今後の運営を話し合いました。スケジュール、運営ルール、運営体制など、短い時間で次々とアイデアが出され、参加者それぞれが「それは私がやります」と率先して決まっていきました。

「インフルエンサーが集まる会というものは、これほどまでに強い創発が起こるものなのか！」ということを実感した、素晴らしい会になりました。

２０１０年だけで「朝カフェ次世代研究会」は16回も開催することができました。参加者は延べ４００名。ＮＳＩ（満足度）は90～95。出席率95％以上。その後も朝６時半にはほぼ全員が集まりました。２０１１年２月には、「ソフトバンク ビジネス＋ＩＴ」というメジャーメディアの特集記事で紹介されました。

「朝カフェ次世代研究会」の今とこれから

２０１１年度も14回の開催を予定しています。２０１０年の運営で学んだことを活かしつつ、コンテンツの充実をはかっています。何よりも大切なのは継続することだと考えているので、運営側に過度な負担がかかりすぎないように、効率化もはかっていきます。

今後も、「朝カフェ次世代研究会」は継続していきたいと考えています。私自身も学ぶことが多いですし、何よりも参加者が大きな価値を感じてくれていることが励みになっています。

一方で、毎回数十名だけの参加にとどめてしまうのは惜しいとも感じています。

そもそもなぜこの勉強会を立ち上げたのかを考えてみると、「ビジネスパーソンに朝シフトしていい仕事をしてほしい」という願いと、「ビジネスパーソンは、もっと情報発信すべき」という思いがあったからです。企業のインサイダーにとどまっているビジネスパーソンが、社外にもっと情報発信するようになれば、日本のビジネスパーソン一人ひとりの競争力も上がり、日本も強くなります。

そのためには、この活動がもっと社会に広がって、日本全国各地で「朝カフェ次世代研究会」が立ち上がるのが理想です。

そこで、巻末付録として「朝カフェ次世代研究会のつくり方」をつけました。紙面の都合で、必要最小限にとどめましたが、モラルが高いビジネスパーソンが集まる朝活コミュニティを立ち上げるヒントとして参考にしていただければ幸いです。みなさんの地元でもぜひ「ご当地朝カフェ次世代研究会」を開催してほしいと思います。

あとがき　私たちビジネスパーソンが、新しい日本を創る

2011年3月11日に発生した東日本大震災は、多くの人命を奪い、多くのものを破壊しました。この本を読まれているみなさんの中にも、知人や家族を失った方、被災された方もいらっしゃると思います。謹んでお見舞い申し上げます。

今こそ私たちは、新しい日本を創っていかなければいけません。そのためには、私たちビジネスパーソン一人ひとりが、さらに生産性を高めていい仕事をし、ビジネスでもプライベートでも元気に活躍し、よりよい社会にしていくことが必要です。

こんなことを思っていた2011年3月末、本書の企画の話をいただきました。私が日々実践している「朝30分の仕事術」は、もしかしたら新しい日本を創るにあたってささやかながら貢献できるのではないか？　そう考えて、すぐにお引き受けしました。

私たちビジネスパーソンが生産性と仕事の質を上げて、元気に活躍することで、必ず日本は、さらに素晴らしい国へと進化していきます。

朝時間を活用して、日本のビジネスパーソンがいい仕事をし、率先して、新しい日本を創っていくことを願っています。本書がそのために少しでもお役に立てば、大変うれしく思います。

本書執筆にあたって、多大なるご尽力をくださった編集の田中幸宏様、本企画を情熱を持って立ち上げて推進してくださった中経出版の清水靜子様、コラムを執筆いただいた坂本史郎様、大木豊成様、そして朝カフェ次世代研究会のみなさまには、深く感謝申し上げます。

また、朝シフトのきっかけを与えてくれて、筆者よりも毎朝40分早く起きて朝食と昼の弁当をつくり、朝シフト継続をサポートしてくれたうえ、本書のコラムまで書いてくれた妻の千佳には、いつもながら深く感謝しております。

2011年5月8日　ゴールデンウィーク最終日の川崎にて

永井　孝尚

巻末付録

「朝カフェ次世代研究会」のつくり方

ステップ1 仲間を集める

早朝勉強会を一人で立ち上げるのは不可能ではありません。しかし、一人で参加者を集めるのも、本業を抱えながら一人で勉強会を運営していくのもなかなか大変です。

そこで、まず朝の勉強会をしたいという仲間を集めましょう。

会社の同僚や、学生時代の同期、仕事仲間でもいいでしょう。あるいは、他の朝活勉強会に勉強を兼ねて参加し、知り合った仲間で自分たちの勉強会を立ち上げてもよいでしょう。

ステップ2 開催場所を確保する

早朝使える場所の確保は、最大の課題の一つです。

・勤務先の会議室：勤務先の承認が得られれば、金銭面でも運営管理の手間の面でもこれがベスト。しかし、セキュリティ上の理由でなかなかむずかしい面も。

・貸し会議室：有償。早朝から営業している貸し会議室は限られている。

・喫茶店や飲食店：店と個別に交渉し、会議室を確保する人もいる。

ステップ3　勉強会の基本コンセプトの定義

何のために朝の勉強会を実施するのか、その考え方を決めます。朝カフェ次世代研究会（以下、朝カフェ）では次の3つをコンセプトとしています。

①朝は、奇跡を生む
②他流試合が、日本のビジネスパーソンを強くする
③会社のインサイダーにとどまらず、もっと外に、自分が学んだことを発信していこう

ステップ4　規約・ルールの定義

基本コンセプトにそって、規約・ルールを定義します。朝カフェの例です。

①参加者資格：当り前のことをちゃんとできる方
②3つの約束（マーケティングに興味があること、無遅刻、迷惑かけない）
③「面白そうじゃん！」と思える内容。品質重視
④無償。Give & Given。ただし強制せず。できる人が提供する

ステップ5　インフラをつくる

基本コンセプトや規約・ルールを実現するために次のようにインフラを構築します。

仕事の傍ら勉強会を運営していくので、運営側の負担が最小限になるように配慮します。

・**専用ウェブサイト**：これから参加する人、講演資料を希望する人などのために、各種案内や資料を掲載。ブログや Facebook ページでも代替可

・**申込受付管理サイト**：モラルが高い人たちに参加してもらうために事前申込制にする。EventForce やこくちーずのサイトを活用する方法も

・**メーリングリスト（ＭＬ）**：過去、勉強会に参加した人たちに優先的に情報を提供することで、固定ファンをつくることができる

・**ツイッターのハッシュタグ定義**：勉強会場がネット接続可能であれば、公演中に専用ハッシュタグをつけてつぶやくことで、参加者の反応を共有できる。会場に来られなかった人が出勤途中にリアルタイムで参加したり、講師が後から確認することもできるし、まとめサイトをつくるときも便利

・**Ustream**：個人でも動画配信することができる。遠隔地の人でも参加できる

・**会場のＬＡＮ環境の整備**：ツイッターや Ustream での中継を行うために必要

ステップ6 講演の企画を立てる

基本コンセプトにそって講演者の人選と講演日程を決めます。長続きさせるために

は、ムリなスケジュールにしないことがポイント。適宜休み期間を入れるようにしましょう。

ステップ7　集客する

会の内容を告知し、ブログやツイッターで集客します。申込受付管理サイトを活用します。

ステップ8　当日の段取り、参加者に伝えることを決める

開催当日の式次第を作成し、当日の運営スタッフの役割を決定します。

ステップ9　開催する

ここまで企画を立てれば、あとは開催するだけです。当日、主宰者は寝坊しないようにしましょう。

ステップ10　講演コンテンツをアーカイブする

サイトで講演コンテンツを公開します。講演資料はSlideShareなどのサイトを活用すると便利です。講演の様子を報告したブログやツイッターでUstreamのログへのリンクも掲載します。講演者に公開可能か、忘れずに確認しましょう。

ステップ11　固定客化をはかる

勉強会当日、アンケートを実施し、オプトインを獲得し、メーリングリストに登録します。このMLで一般告知よりやや早めに告知することで、固定客化をはかります。

番外編　高い参加者モラルを維持するために

・あえて敷居を高くし、賛同した方々に参加いただくようにします。「それでも参加したい」と思えるような、わくわくする企画づくりがカギです。

・あくまで個人的な考えですが、収益化を考えていないのなら、有償は避けたほうがよいと思います。基本無償にし「Give & Given」の考え方で運営することをおすすめします。お金を払った場合、「お客様意識」が参加者にあらわれてしまう可能性があるためです。

・定期的に夜の懇親会を開くといいでしょう。朝から飲酒はむずかしいので、そのときは夜に開催します。朝カフェでは、1年を2期に分けて、期の最終日は夜開催とし、勉強会の後には宴会を入れています。親睦は確実に深まります。

〔著者紹介〕
永井　孝尚（ながい　たかひさ）
日本IBM株式会社　ソフトウエア事業部マーケティング・マネージャー
1984年3月、慶應義塾大学工学部卒業後、日本IBM入社。製品開発マネージャーを担当した後、現在、同社ソフトウエア事業部で事業戦略を担当。2002年には社会人大学院の多摩大学大学院 経営情報研究科を修了。朝時間を活用することで、多忙な事業戦略マーケティング・マネージャーとして大きな成果を挙げる。
一方で、ビジネス書籍の執筆や出版、早朝勉強会「朝カフェ次世代研究会」の主宰、毎日のブログ執筆でさまざまな情報を発信。さらに写真の個展開催、合唱団の事務局長として演奏会を開催するなど、アート分野でも幅広いライフワークを実現している。

本書の内容に関するお問い合わせ先
中経出版編集部　03(3262)2124

残業3時間を朝30分で片づける仕事術　（検印省略）

2011年7月18日　第1刷発行
2011年8月16日　第3刷発行

著　者　永井　孝尚（ながい　たかひさ）
発行者　安部　毅一

発行所　㈱中経出版
〒102-0083
東京都千代田区麹町3の2 相互麹町第一ビル
電話　03(3262)0371（営業代表）
　　　03(3262)2124（編集代表）
FAX 03(3262)6855　振替 00110-7-86836
ホームページ　http://www.chukei.co.jp/

乱丁本・落丁本はお取替え致します。
DTP／ニッタプリントサービス　印刷／加藤文明社　製本／三森製本所

ISBN978-4-8061-4112-9　C2034